U0818290

# 女孩富养有幸福

NVHAI FUYANG YOU XINGFU

卢晴　张小月◆编著

**孩子是父母最大的投资**

**因材施教，才能培养出优秀的孩子**

父母要从小开阔她的视野，增加她的阅历，提高她的见识；

让女孩拥有自信，学会自重自爱，学会善良，学会关怀。

山西出版集团

山西教育出版社

# 目 录

# 第一章

# 为什么女孩要富养

## ——富养的女孩有幸福

### 富养女孩的真正含义

乐飞是北京大学大二学生，她聪明好学、乐观、活泼开朗，最重要的是她很有气质，用同宿舍女孩的话来评价她就是：气若幽兰。不少同学都很好奇，乐飞的爸爸妈妈是怎样培养出这样一位气质和品质都很出众的女儿的呢？

后来还是乐飞自己道出了“天机”：其实我的名字就代表着父母对我的期望，他们希望我能够快乐地飞翔，他们也是这样做的。从我出生的那一刻开始，爸爸妈妈就坚定了要“富”着养我的决心，因为外婆很早就告诉他们要“穷养男，富养女”。我还在妈妈肚子里的时候，爸爸妈妈就做好了相关的准备。等我出生之后，他们开始了“富养女”的计划。尽管那时候爸爸妈妈工资并不高，但是他们从来不在物质上亏待我。在我小的时候，他们就根据我的爱好，支持我去学习舞蹈、绘画、古筝，爸爸还教我下五子棋、象棋。我十岁生日的时候，爸爸妈妈还带我去吃西餐、听音乐会。我到现在都忘不了，为了存下一些钱，爸爸妈妈一年都没有买一件新衣服。他们觉得就是应该带我去长长见识，这样长大了才能不受诱惑，能够把握自己。

很多人觉得我的爸爸妈妈那么费心费力地为我创造好的生活，在家一定也很娇惯我。其实根本不是这样的，从小妈妈就教会我做各种家务了，洗碗、洗衣服、拖地，我再大些了，教我做简单的饭菜。爸爸妈妈还很重视培养我的品德，从小他们就教育我要善良，要有爱心，乐于助人。他们关心我的生活，但是学习上的问题从小爸爸妈妈都是提倡我自己动脑筋解决的。其实，爸妈并不看重我的分数，在他们看来，我只要快乐就好。我的事情从来都是我自己做决定的，他们总是会毫不犹豫地支持我。我很感谢我的爸爸妈妈，因为正是他们的“富养”而不惯养，才造就了现在的我。

每个父母都对自己的孩子抱着巨大的期望，他们都希望自己的女儿将来长大能成为一个真正的“大家闺秀”，所以他们在培养女孩的过程中更是倾尽了自己的心血。就像上文中乐飞的父母一样，他们从小就开始尽量地给女儿创造一个良好的生长环境，让女儿在富足的环境中长大。而乐飞也没有辜负父母的期望，她在父母的精心培养下，就像一朵美丽的鲜花，既有美丽的形象，又有芬芳的气质，这让很多的父母羡慕。但是，也有不少的父母很困惑：我们也同样是在“富养”女儿，为什么我们的女儿越长大越不听话，越长大越不可爱，还经受不住任何的打击，变得骄纵无理、养尊处优了呢？

其实，这就涉及父母对“富养”的理解。什么是“富养”？“富养”不仅是指给女孩创造良好的物质环境和生活条件，而且还要为女孩提供良好的教育环境和文化修养环境。富养女孩不是娇生惯养，而是给她精致的生活，同时培养她独立的人格和健全的性格，让女孩自信自立，眼界开阔，尊重他人，做一个有品位、有气质的人。

这下，不少父母应该明白自己的问题出在哪里了吧？为什么自己也尽力让女儿过幸福的生活，送她去弹钢琴、带她去看画展、陪她吃山珍海味、给她买高档的服装，让她像个公主一样成长，而最后孩子非但没有变得高雅起来，还变得娇气懦弱？那是因为父母仅仅只是注重给女孩物质的“富”，而忽略了女孩精神上的“富”，忽略了培养女孩良好的品质和性格。其实这也是不少父母对“富养”的一种曲解。

父母们应该抛弃过去那种“金钱培育千金”、“富贵诞生淑女”的想法，应该重新考量社会对女孩的审美标准，并且根据女孩的特性，采用传统和现代教育理念相互结合的方式，来给女孩爱的呵护并精心培育她的品质。

那么“富养”女孩的真正含义有哪些呢？

### 内涵一：

父母要尽量给女孩创造一个安定富足的生活环境，为她营造一个温馨的成长氛围。

资深电视节目主持人杨澜在她的《凭海临风》这本书里，写到她小时候寄居外婆家的一段美好时光。书里专门写了她刚参加工作不久的小舅舅，因为这个舅舅对杨澜可以说是溺爱有加，每个月都把工资和时间花在这个外甥女身上。在那几年里，每个月总有固定的一个日子，是杨澜的“节日”。那天，舅舅会给杨澜穿上漂亮的小皮鞋，带她去理发，然后去上海著名的西餐馆“红房子”吃顿“罗宋汤+牛排”。在那里，舅舅教会了杨澜使用刀、叉的技巧，而且对杨澜在餐桌上的举止进行了严格的“淑女”式的培训：什么背要直呀，喝汤不能出声呀，刀叉要轻拿轻放呀，等等，规矩可多了。这应该是杨澜最早接受的礼仪学习吧。舅舅给杨澜的名言是：“女孩子一定要见世面，不然以后见到花花绿绿的世界，容易学坏。”杨澜就是在这样的环境中被呵护着长大的。

正是因为舅舅从小对杨澜的培养，现在的她优雅、大气、智慧、淡定，举手投足间的韵味令无数人崇尚，成为受人瞩目的焦点。所以说父母一定要给女孩营造一个安定、富足、舒适的成长环境，这样因为她从小对高质量的生活耳濡目染，长大后才能坚守良好的道德观念来对抗诱惑，成为一个有品位、有情调、优雅美丽的女性。

### 内涵二：

父母要相亲相爱，才能培养女孩爱的能力和良好的性格。

在一个家庭中，只有父母相亲相爱，家庭的气氛才是温馨和谐的，女孩在这样的氛围中长大，才能明白什么是爱。只有懂得爱的女孩子，才能更好地爱自己、爱他人。只有心中有爱的人，才是快乐的人，才是人格健全的人。家庭环境和谐，父母不吵架打架，凡事商量，这样培养出来的女孩才能拥有良好的性格，乐观、开朗、不急躁，将来在社会上也会受到人们的欢迎。

### 内涵三：

培养女孩的阅读习惯和鉴赏能力。

所谓“腹有诗书气自华”，一个人只有饱读诗书，才能学识渊博，这样她的身上自然就会表现出优雅的举止和翩翩的风度。父母要从小培养女孩的阅读习惯，女孩爱读书，读千家书，这样即使她想掩藏自己的优秀都难，因为她的气质会由内而外地显现出来。此外，父母还应该按照女孩的兴趣，送她们去学习书法、绘画、舞蹈、钢琴等，这些都可以加强女孩的艺术修养，有机会也可以带女孩去听听音乐会、看看画展，只有这样培养出来的女孩，才会懂得美、懂得欣赏、懂得辨别，也就懂得了自我保护，而不会被外界所诱惑。

### 内涵四：

从小培养女孩良好的交际能力和良好的心态。

父母应该鼓励女孩多交朋友，在和朋友交往的过程中，学会与人交往的技巧，学会处理各种矛盾。如果有机会，父母应该多带女孩和各种各样优秀的人接触，这样会对女孩的思想和心灵产生深刻的触动，会激发她们不断地努力提升自己的能力。因为不断地奋进，女孩才会变得自信；因为有自信、有目标，女孩才更有活力、更美丽。而拥有一个良好的心态，会让女孩不管遇到什么事情，都能够淡定从容地去应对，也会深得众人的尊重和钦佩。只有心态良好的女孩，才能形成一种安然自若的态度，举手投足间会透露出优雅和淑女风范。

### 内涵五：

培养女孩的责任感。

在家里，不管家庭条件是否优越，父母都应该让女孩学着做家务，只有这样才能锻炼女孩自理生活的能力。父母不要什么都帮助女孩处理，应该鼓励女孩学会自己的事情自己处理，这样才能更好地培养她的独立性。要从小培养女孩的分享意识，让她懂得要关心和爱护家人。要是有机会，还可以带女孩去参加社区的各种义务劳动，如参加环保小组，参加各种公益活动，因为这样能培养女孩的社会责任感。只有一个具有责任感的女孩，才能获得更多的成功机会，才会抓住更多的机遇。

## “公主”是如何塑造的

婷婷今年15岁，上初三。她是班上所有男生的梦中情人，是他们迷恋的对象，也是班上所有女生敬佩和嫉妒的对象。为什么婷婷的魅力这么大呢？因为在所有人的眼里，她就像个高贵的“公主”。她皮肤白皙，性情温和、自信、乐观、待人有礼貌，学习拔尖，才艺更是没得说，钢琴弹得好，舞跳得好，画画得好。最重要的是，婷婷举手投足之间流露出的那股优雅气质和大家闺秀的风范，是别人学不来的。

为什么同样是女孩子，同样是工人家庭出生的孩子，婷婷就能像个“公主”，而别的女孩就显现不出来这种特性呢？原来，婷婷的妈妈从怀上婷婷的那一刻开始就想着以后要是生个女孩，一定要把她培养成一个“小公主”。妈妈明白，要把女儿塑造成一个“小公主”，还需要自己的努力。

婷婷的爸妈虽然是工薪阶层，不可能让婷婷住在富丽堂皇的宫殿里，但他们给婷婷创造了一个温馨舒适的家。他们把家里收拾得干净整洁，尽量给女儿良好的生活环境。婷婷两岁的时候，妈妈就开始每天晚上给她讲《365夜童话故事》，尽管还听不明白，但是婷婷却记住了白雪公主、小矮人、人鱼公主、拇指姑娘……这些童话中的人物。三岁多开始上幼儿园的时候，妈妈就开始培养她讲礼貌的好习惯，见了老师、同学和小区的叔叔、阿姨，要主动打招呼。除此之外，妈妈还很注重培养婷婷的分享精神，不管有什么好吃好玩的东西，都让婷婷和家人、朋友一起分享。虽然只有这一个女儿，但是婷婷从上小学的时候妈妈就教她做一些简单的家务，如洗碗、拖地、收拾房间、整理书籍，这些婷婷都是自己做的。为了培养婷婷良好的修养，妈妈送婷婷去学习钢琴和舞蹈，有空的时候，爸爸妈妈还带着婷婷一起去郊游，去欣赏美好的自然风光。妈妈还很注重培养婷婷的良好品质，她给婷婷买来一些有趣的故事书，让婷婷从书中汲取他人的诚信、勤劳、勇敢、坚强等品质。就这样，在父母的精心培育下，渐渐长大的婷婷越来越有大家闺秀的风范，而婷婷也觉得自己是爸爸妈妈的“小公主”。

每一个父母都希望自己能像婷婷的父母一样把女儿塑造成“公主”，尽管自己没有尊贵的身份，没有富足的家产，自己的家也不像皇宫那样富丽堂皇，但是却希望自己的女儿能成为一个幸福快乐的“小公主”。

但是有人会想，真正的公主非皇家也能培养出来吗？没有优越的家境做后盾，天赋再好的女孩恐怕也只能做灰姑娘，是这样吗？我们还是来先看看什么是现代意义上的“公主”吧。现在的所谓“公主”，只是女孩的一种代称，它并不一定代表身份和地位，但一定具有某种特性，比如气质、灵性等，而这些特性会让女孩卓尔不群，显得非常优秀。

所以说，不管家庭条件如何，父母都希望把自己的女儿培养成人见人爱的“公主”。只要明白了什么是真正的“公主”，制订一个全方位的细节教育计划，尽可能给女孩最好的教育，这样女孩才会渐渐变得像“公主”那样高贵、迷人，像“公主”那样幸福。每个孩子都是父母心中的一部作品，而父母就是作者，这部作品是否具有很高的文学价值和艺术观赏性，关键是要看书的作者——孩子的父母如何书写，如何来创作。

那么，父母应该怎样做才能把自己的女儿塑造成一个“公主”呢？

### 方法一：

从小培养女孩建立一等一的女性眼界。

美国许多私立学校从中学就开始举办主题舞会，让学生们从学穿晚礼服开始，到最后忘了礼服，只记得舞会。他们相信，女孩只有从小就懂得好的生活品质，有一等一的眼界，这样才能更容易有机会享受上等的生活。

我们的父母也应该从小培养女孩一等一的眼界，比如说有条件的话，可以带女孩去西餐厅，教教她们用餐的礼仪，带女孩去欣赏音乐会或者带她们去参观美术展览，从小培养她们良好的审美意识。这样，将来长大，她们不管在何种场合都能把握住分寸，不怯场。

## 方法二：

教会女孩爱人与自爱。

自爱是道德的源头，爱人与自爱最终是一致的。只有会爱自己的人，才能更好地爱他人；只有爱他人的人，才能赢得他人的尊重和爱，最后惠及的还是自己。父母应该从小教女孩学会爱人与自爱。比如说，家里来客人的时候，要让孩子有礼貌，要主动和客人打招呼，并且帮忙招呼客人；在路上看见需要帮助的人，要主动地上前去帮助。这样培养出来的女孩，不管走到哪里都会受到别人的欢迎。

## 方法三：

培养女孩诚实的品质。

俗话说“诚实就是金”，一个人拥有了诚实就等于拥有了丰厚的财富。当孩子犯错误的时候，要引导孩子承认错误，当孩子承认错误之后，要对他们进行表扬。在生活中，发现孩子诚实的行为之后，要及时地提出来，给他们鼓励。父母切忌教孩子骗人，或者纵容孩子骗人的恶习。只有做一个诚实的孩子，才不会虚伪，在快乐的时候会尽情地快乐，不高兴的时候会生气、会大哭，这样的孩子，才是率真可爱的。

### 方法四：

培养一个健康的女孩。

健康不仅是指身体的健康，还指心理的健康。身体健康是基础，一个孩子只有身体健康，才会快乐。父母应该培养女孩热爱运动的好习惯，引导她们积极地参加体育锻炼，比如说跑步、跳绳、打羽毛球、游泳等等，这样的运动对孩子的身体十分有益。一个孩子只有身体健康、体力充沛，才会有良好的自我感觉，才会快乐。除了身体健康，心理健康也是父母应该关注的，要保护女孩的自尊心不受伤害和打击并且尊重她。只有这样，女孩才会自信。

### 方法五：

培养女孩谦让和知耻的品质。

谦让是中华民族的传统美德，是处理人际关系的润滑剂，是个人美好品德的闪光点。父母应该从小培养女孩谦让的品质，要让女孩明白个人与集体之间的关系，把自己从“我”的概念中摆脱出来。要教育女孩时刻想着别人，吃东西的时候不要自己独占，让女孩学会愉快地把大的、好吃的给爷爷奶奶、爸爸妈妈，把小的、不好吃的留给自己；取得荣誉的时候，要想着曾经给自己提供帮助的人。

知耻和知荣是相对的。教育孩子明确社会对不道德、不合理行为的贬斥和否定，由此而产生自我意识中的羞耻感。而当女孩失败的时候，父母应该教育孩子正确对待。学会知耻是她人生道路上非常重要的一课。

### 方法六：

发掘女孩的兴趣爱好，并且加以引导。

专家研究发现，全身心投入到一项充满挑战的任务中，会给人带来很大的快乐。而要想让女孩全身心地投入到一件事情中，必须要尊重她的兴趣爱好，让她学习自己感兴趣的东西，可以是舞蹈，也可以是唱歌，还可以是绘画，但是一定不要逼迫女孩去学她不感兴趣的东西，那样她会失去原本应该拥有的快乐，而觉得痛苦不堪。

## 为什么称女孩为“千金”

我们经常会见到这样的现象，谁家要是生了一个宝贝闺女，别人在祝贺他们的时候就会说：“恭喜你喜得千金啊！”这里的“千金”对于女孩来说就是一个不可或缺的代名词。

古时候把富贵人家的女孩称为“侯门千金”，今人泛称女孩叫“千金小姐”。尽管“千金”一词由来已久，但用来指人，原本指的是男儿身。

南朝梁司徒谢朏自幼聪慧，父亲谢庄对他非常喜爱，常把他带在身边。他也非常争气，10岁时便能写出很不错的文章。后随父亲游土山，受命作游记，提笔便成，文不加点。宰相王景文对谢庄夸道：“贤子足称神童，复为后来特达。”谢庄也手抚儿子的头说：“真是我家千金啊！”

从谢朏被称为“千金”开始，历史上有很长一段时间都用这两个字比喻出类拔萃的少年男子。而把少女称做“千金”或“千金小姐”，则是元代以后的事，其基本含义也与当年谢庄夸赞谢朏时大致相同。

用“千金”来比喻女子，最早的文字记载见于元代曲作家张国宾所写的杂剧《薛仁贵荣归故里》：“你乃是官宦人家的千金小姐，请自稳便。”明清以后的话本小说中称女孩子为“千金”的就更多了。

女孩何以称“千金”？这得从我国的古代货币单位说起。两千年前的秦朝以一镒为一金（“镒”是古代重要单位，一镒为二十两或二十四两），汉朝以一斤金子为一金。秦汉时金多指黄铜，“千金”实为“铜千金”。后人借“千金”以言贵重，如“一字值千金”、“一言千金”、“一笑千金”、“一刻千金”、“一诺千金”、“一物千金”等均是此义。在社会交往中，渐渐地，人们也就将未婚女孩专称为“千金小姐”了。

不过关于“千金小姐”的由来，还有一个美丽的传说：

公元前522年，伍子胥父兄被楚平王杀害。伍子胥逃离楚国，投奔吴国。途中他饥困交加，见一位浣纱姑娘竹筐里有饭，于是上前求乞。姑娘顿生恻隐之心，慨然相赠。伍子胥饱餐之后，出于安全原因，要求对方为他的行为保密。但姑娘猛然想起，男女接触为礼教和舆论所不容。她随即抱起一石，投水而死。伍子胥见状，伤感不已。他咬破手指，在石上血书：“尔浣纱，我行乞；我腹饱，尔身溺。十年之后，千金报德！”

后来，伍子胥在吴国当了国相，吴王调遣劲旅攻入楚国。公元前506年，伍子胥“掘楚平王墓，其尸鞭之三百”。伍子胥报了大仇之后，又想到要报恩，但苦于不知姑娘家地址，于是就把千金投入她当时跳水的地方。

相信看完上面这些关于“千金”的由来，父母们一定会受益匪浅。女孩被称为“千金”，可不是她自身值千金，也不是要用千金来培养她，而是她的才华、她的品格价值连城。

记得白居易在《长恨歌》中写道：“杨家有女初长成，养在深闺人未识。天生丽质难自弃，一朝选在君王侧。回眸一笑百媚生，六宫粉黛无颜色。”尽管现在早已经没有了古代的皇宫和君王，但是一个出色的有气质的女孩，在拥挤的大街上还是会流露出与众不同的气质，显得鹤立鸡群。

那么，父母应该怎样来培养这样一个鹤立鸡群的适合新时代需要的“千金”呢？

### 方法一：

让女孩沐浴在爱和温暖中。

在女孩的成长过程中，父母要给女孩充足的爱。鉴于女孩的特质，父母要多关心女孩，多给她们一些拥抱和亲吻，这些是最好的表达爱的方式。父母要把自己看做女孩的伙伴，陪女孩游戏、聊天、学习，让她感受到家庭的温暖，感受到被爱的幸福。在女孩犯错误的时候，父母要有一颗宽容的心，要原谅她们的错误；在批评女孩的时候，不要用“你再不听话，我就不要你了”这样威胁性的语言，要和女孩讲道理，引导她认识到自己的错误，然后帮助她改正。父母一定要给女孩营造一个温馨的家，让她时刻沐浴在爱中，这样长大的女孩才会快乐。

### 方法二：

培养女孩的爱心。

在婴儿时期，父母要经常爱抚孩子，对孩子微笑，让孩子感受到父母对她的爱，这是孩子萌生爱心的起点。当孩子再大一些的时候，父母应该为孩子提供奉献爱心的机会，让她学会关爱家人，关心小动物，有条件的话可以支持女孩养小动物，要支持女孩的爱心，不要剥夺她奉献爱心的机会。父母平时要注意对孩子一点一滴的培养、一言一行的引导，这样爱心就会在女孩的心头扎下根，随着不断成长，爱心也会不断地扩展和升腾。

### 方法三：

培养女孩的独立能力。

父母要重视女孩独立性的培养，要从小就开始培养女孩的独立意识。在女孩小的时候，摔倒了要让她自己爬起来；随着女孩年龄的增长可以教她做一些家务活，培养她的自理能力。每个女孩都有好奇心，家长应该支持她去探索，从而培养她独立思考和解决问题的能力。当然在女孩开始学做一些事情的时候，家长的言语指导是少不了的，但是切忌自己动手代替孩子去做。

### 方法四：

努力开阔女孩的视野。

一个视野开阔的人，必是一个拥有广博知识的人，所以父母要鼓励女孩多读书，勤思考，通过阅读来丰富女孩的知识。周末或者假日，父母也可以带着女孩去旅游，通过旅游来增长她的见识，开阔她的视野。有机会的话也可以多支持女孩去参加一些公益或者环保活动，这样通过亲身的实践，不仅能丰富女孩的经历，还能够让她在实践中学习。

## 富养不是惯养

2004年12月底，学习成绩中等、正在读高三的女生汤玫捷，被美国哈佛大学以每学年4.5万美元全额奖学金的承诺提前录取，成为该校当年在亚洲所录取的两名学生之一。哈佛大学录取汤玫捷的原因，并不是因为她的学习成绩，而是因为她所表现出的令人赞叹的综合素质。

谈到汤玫捷的成长经历，她的父亲一共总结了三条法则，其中第一条就是娇生但不能惯养。汤玫捷的父亲从来不迁就她，他认为，应该看到孩子的将来，因为她总有离开父母的一天，需要自己独立地生活和工作。如果父母现在为孩子准备一个“温室”，那么孩子就会变得娇弱不堪，因为温室里面的小花是经不起风吹雨打的。

汤玫捷的父亲是一名中学教师，母亲是一名工人。夫妇俩对女儿唯一的要求是：“做到你自己最好的状态。”因此，他们从不把女儿按在题海之中，从不过分关注女儿的分数、排名，也从不认为女儿参加社会活动是在浪费时间；相反，他们总是积极支持、鼓励女儿参加各种有意义的课外活动。

小学三年级时，上海东方电视台招聘小记者。当时，汤玫捷从报纸上得知此事后很想去试试，她便先对老师说了，老师竭力推荐。后来她又回家向爸爸征求意见，爸爸听后非常支持：“这是一件非常好的事情，对你来说，是一件新鲜事，它会让你学到在课堂上学不到的东西！”

通过层层选拔，东方电视台终于通知她面试了。主考官给同学们出了一道题，让每人去一个地方采访，然后将采访的内容整理好交回台里。其他的同学听了心里都暗暗叫苦，只有汤玫捷第一个站出来说：“老师，我能完成任务！”随后，她便独自扛着摄像机采访去了。尽管她对摄像一窍不通，但是她并没有着急，反而鼓励自己要镇定，经过半个小时的努力，她终于完成任务回来了。她的勇敢得到了主考老师的赞赏。最终，她成为上海市最早的十名小记者之一。她拍摄的《美丽的人民广场》还获得了上海市摄影比赛的优秀奖。

在做小记者的几年时间里，汤玫捷利用课余时间为电视台撰稿近60篇，采访过全国劳动模范徐虎、体育明星祁宏。这不仅增强了她的社交能力，同时名人的一些可贵精神和人格魅力也深深地激励着她。

透过汤玫捷的成长经历我们可以看出，一个普通的家庭也可以培养出优秀的女儿，最关键的是父母的教育方式。尽管不是所有的女孩都能像汤玫捷那样成为哈佛大学的一员，但是汤玫捷父亲的那种娇生而不惯养的教育方式却是值得父母们好好学习的。

然而，现实生活中并不是每一个父母都能像汤玫捷的父母那样明智，我们还是能见到不少父母把女儿禁锢在自己精心构筑的温室里面。他们认为女孩只要搞好学习就可以了，家务活不让女孩沾手，至于那些课外活动他们担心女孩受伤或者影响学习成绩，一概反对。他们尽心地给女孩构筑一个美丽的城堡，让她像个古代的公主一样生活无忧，不用为生活琐事而烦恼，给孩子请绘画老师、舞蹈老师，给她吃好的穿好的。这样培养出来的女孩可能确实有些才艺，学习成绩也还可以，但是一旦走上社会，就会受到种种挑战。因为从小在城堡里面长大，没有见过社会的激烈竞争，这样的女孩一旦进入社会就会败下阵来。

所以说，不要惯养女孩，要根据新时代的需要，从小就开始培养女孩的适应能力和生存能力，这样她们长大走上社会，才能成为精英，能够驾驭和把握各种机遇来获得成功。

那么，父母应该怎样来“富养”而不是惯养女孩呢？

### 方法一：

让女孩学会自我服务。

现在的孩子大多是独生子女，很多父母将孩子视为掌上明珠，对孩子关爱有加，凡事代替包办，时间久了，孩子什么也不会做。一个连生活都不能自理的孩子，是不能适应未来社会需要的。所以说，父母应该放手让孩子做些力所能及的事情。在家里，父母可以根据孩子的兴趣和能力因势利导，通过具体、细致的示范，从身边的小事做起，由易到难，教给孩子一些自理的技能，如自己洗手、洗脸、刷牙、穿衣服、整理床铺等。这些看上去很小的事情，却能锻炼孩子独立生活的能力。这

在很大的程度上能够抵制娇气心理的产生。

**方法二：**

培养女孩的利他行为。

一个娇生惯养的孩子必是自私自利、任性的。因此，父母在培养孩子自我服务的同时，也要培养和鼓励女孩的利他行为。如，看见有困难的人要主动上去帮助，看见难过的朋友要主动上前去安慰，要学会将自己的玩具、吃的东西和同伴一起分享等等。利他行为的形成，能帮助孩子克服以自我为中心的意识和自私自利的思想，有助于孩子更好地与他人交往，建立良好的人际关系，适应社会生活的要求，也会对孩子社会性的发展和健康快乐的成长发挥着重要作用。

**方法三：**

对女孩进行有效的表扬与批评。

表扬与批评是巩固良好行为习惯、消除不良言行的重要强化手段，也是父母教育孩子的重要手段。但是在教育孩子的过程中，父母也要掌握表扬和批评的原则，这样才能更好地教育孩子。对孩子的表扬和批评要及时，切忌空洞地说些“你真棒”、“你这样是错误的”之类的话，要指出表扬和批评的具体原因。比如：“你今天是自己按时起床的，没有让妈妈叫你，真棒！”“你今天做完作业，忘记收拾书包，这样做是错误的，下次不能再忘记了。”只有给孩子具体的指向，她们才能明白下次要怎么做才能做好，或者是哪些可以具体强化。有时候，父母在批评孩子的时候也要肯定她们的努力，然后再批评，这样孩子会更乐意接受。还有一点，父母一定要记住，对孩子表扬、批评的标准必须前后一致、相互配合，这样收到的效果才会好。

### 方法四：

带领女孩去参加体育运动，锻炼身体，磨炼意志。

一般来说，娇生惯养的孩子比较讨厌运动，父母可以鼓励她们去参加体育运动，带领她们去跑步、爬山、打球。父母刚开始的时候可以带着孩子去跑步，比如说每周的一、三、五早晨，早起半个小时带着孩子去跑步，时间久了，让孩子自己养成习惯。周末的时候可以带着孩子去爬山或者徒步远足，也可以带着孩子去体育馆打羽毛球或者乒乓球。通过这些体育活动，既锻炼了孩子的身体，又可以磨炼她们的意志，培养她们的毅力和坚持不懈的精神。

### 方法五：

对女孩进行民主式教育。

父母对孩子过分放纵和溺爱，会让孩子养成任性、懒散、娇气的习惯。而民主式的教育，既要严格要求孩子，又可根据孩子的特点，适当满足孩子自己的要求、愿望，这样不仅可以加强亲子关系，还能够对孩子进行真正意义上的顺其自然的教育。不过父母在教育孩子的过程中，一定要有一个明确的方向，要有一个统一的“定位”，全家人要统一思想，做到步调一致，这样整个家庭才能形成一股合力而不是分散力，避免弄得孩子无所适从。只有全家人统一认识和观点，才能让孩子形成宽容、接纳别人的良好性格。

## 富养不是用钱养

慧慧今年 14 岁，随着年龄的增长，越发出落得好看。自从升入初中之后，她会打扮了，懂漂亮了，钱也越花越多了。衣服、鞋子非品牌不穿，连用的文具也要高档的，慧慧的手机比爸爸妈妈的都高档，能拍照、听广播、看MP4。慧慧每个月的零花钱都在五六百元左右，但是她从来不知道钱是怎么花掉的，看见自己喜欢的就想买。因为她的高消费，父母渐渐地觉得负担起来特别吃力。而慧慧根本就不关心自己的父母，总是觉得他们特别土，不舍得花钱，一年到头都是那么几套工作服，弄得自己在同学面前都没有面子。

前几天，慧慧又问妈妈要钱买羽绒服，说是快要过年了，自己班上的同学都买了新衣服。妈妈问要多少，慧慧说："就给我一千吧，我还想买双靴子。""你去年买的羽绒服都没有穿几次，今年能不能先不要买了，我和你爸厂里的效益不好，工资到现在都还没有发。""不就是一千块钱吗？有那么难吗？你的银行卡上总应该有钱吧，不行的话，把你的卡给我，我自己去取钱。"听了慧慧的话，妈妈很吃惊也很寒心。是啊，这十几年，自己和丈夫只顾着富养女儿，给女儿穿好的、吃好的、喝好的，可现在这孩子却只会花钱，根本不知道体谅自己。

为什么会这样呢？原来，从慧慧小的时候起，爸爸妈妈就在"富养"女儿，拼尽全力给慧慧创造好的物质条件，对于女儿的各种要求，爸爸妈妈几乎都给予满足。有时候看见别的女孩有的东西慧慧没有，妈妈就会毫不犹豫地帮慧慧买下。尽管他们都是工薪阶层，但是爸爸妈妈从来都没有让慧慧吃过苦。相反，他们总是把自己的女儿打扮得光鲜照人。看见邻居家的孩子学钢琴，妈妈毫不犹豫地帮慧慧报了钢琴班，还拿出自己平时省吃俭用节省下来的钱给慧慧买了一架将近两万块钱的钢琴。在这样的环境里培养长大的女孩，又怎么会懂得金钱的意义呢？



随着物质生活条件的好转，不少家长都觉得应该不让孩子再受自己小时候的那种苦，尤其是女孩，他们更是看得娇贵，就像慧慧的父母一样，本着“富养”的原则，一味地满足孩子的物质需求，却忽略了孩子的精神需求。这样培养出来的孩子只顾个人利益，根本不会考虑他人。其实，他们这根本不是真正的“富养”，“富养”不是用钱来养的。

在培养女孩的过程中，如果在物质和金钱上过于苛刻是错误的，同样在物质和金钱上过于放纵也是错误的。鲁迅曾经说过：“一天天的满足着，即一天天的堕落着。”如果所有的父母都像慧慧的爸爸妈妈那样，让孩子不用经过努力就能得到自己想要的东西，那么对孩子的成长而言是有百害而无一利的。因为生活在父母精心构筑的温暖的小窝里面，父母对她们过分溺爱、迁就、纵容，也就助长了孩子的物质需求欲望。就像上文中的慧慧那样，只知道问父母要钱，却不知道钱是怎么来的，更不懂得体谅父母的艰辛。这样的孩子必是任性、自私、无理、没有同情心的，不懂得为他人着想，更没有责任感，没有抗挫能力。长大后她们不仅处理不好人际关系，一旦生活环境发生突变，她们就很难适应，随之将会产生很多的问题，这是父母们不愿意看到的。

光用钱是养不好孩子的，“富养”就是要在满足女孩合理的物质需求的基础上，还要满足女孩的精神需求，这样才能培养出一个身心健康、乐观向上的女孩，这样才能在芸芸众生中脱颖而出，不负众望地成为一个优秀女孩。

那么，父母应该怎么做呢？

### 方法一：

做合格的“教育投入人”，对女孩的教育投资不要盲目跟风。

随着社会经济的发展、家庭收入的提高，父母对孩子的教育也越来越重视。不少家长，不惜重金送孩子去各种补习班，送孩子去学习钢琴、绘画、舞蹈等等，而他们根本没有考虑孩子的实际情况、考虑孩子的兴趣爱好，这样做的最终结果是弄得孩子、大人都身心疲惫，结果大多是半途而废。这种在教育上盲目跟风的做法，只会给孩子增添沉重的负担。父母应该从孩子的实际出发，因材施教，采用多渠道的投资方式，用丰富多彩的生活方式来培养和锻炼孩子，这样才有利于孩子的长远发展。

### 方法二：

根据家庭的实际情况，满足女孩的合理需求。

不少父母宁可苦自己，也要把自己的孩子打扮得漂漂亮亮，给她们的兜里揣上钱。这样做的结果是孩子的物质需求不断膨胀。因此父母在满足孩子需求的时候，应该考虑家里的经济状况。如果家里的经济状况确实不太好，就没有必要委屈自己，而让孩子去享受高消费。这种死要面子活受罪的做法，只会使孩子不考虑家长的经济能力而变得变本加厉。在满足孩子正常需求的时候，要取同班同学物质需求的平均数或平均数的中下等，不要处处和别人攀比。

### 方法三：

对女孩的不合理需求坚决说“不”。

最新的研究结果表明，那些太多太快得到物质需求满足的孩子，长大成人后大多难以应对人生的挫折。她们有一种扭曲的权力感，阻碍她们在工作单位和人际关系中取得成功。心理学家说，对孩子放纵的家长实际上可能会使她们将来更易于焦虑和沮丧。所以说，父母应该把握好孩子想要与给予的尺度。对孩子的不合理需求要坚决说“不”，有时候对于孩子的一些合理的需要，也可以采取延迟满足的方式，这样孩子会更珍惜。父母也可以鼓励孩子通过自己的努力去满足自己合理的需求。

### 方法四：

鼓励女孩通过自己的努力去挣钱。

不少父母对孩子娇生惯养，这样做的结果是孩子根本不知道钱是怎么来的，没有钱直接问自己的父母要就可以了。因为不知道金钱是怎么来的，孩子花钱的时候就会大手大脚，根本不懂得节制，养成乱花钱的习惯。父母可以鼓励孩子去自己挣钱，给他们创造一些挣钱的机会。比如说，周末的时候可以鼓励孩子上街去卖报纸，寒暑假的时候可以鼓励孩子上街去擦皮鞋等等，这样让孩子通过自己的劳动来挣钱，她们就会知道金钱的可贵和来之不易，也会养成节约的好习惯。

### 方法五：

培养女孩良好的道德品质和意志品质。

正确的人生观、世界观，决定着一个人能否正确做人、处世和生活。它犹如心灵世界的阳光，有了这片阳光，心灵世界就会亮起一片光明；而缺少这片阳光，心灵世界就会是一片黑暗。所以说，父母应该帮助孩子树立积极的人生观、世界观。

“劳其筋骨”是磨炼意志的重要方法。父母应该鼓励孩子去参加体育活动和艰难的劳动，要鼓励孩子坚持下来，这样才能磨炼其意志。还要让孩子养成良好的生活和学习习惯，这也是磨炼意志的重要途径之一，能增强孩子的毅力和控制力。

# 富养女孩，先进入女孩世界

## ——这就是女孩

### X 染色体，女孩的成长密码

一位妈妈在自己的博客上写道：

我有一对龙凤胎儿女，别人都说我很有福气，一下子就生了两个，儿女双全。是的，有一双儿女的确很幸福。但是他们不知道，我在养育孩子的过程中操了多少心，吃了多少苦，因为一下子要带两个孩子，在两个孩子一岁之前，我比别的妈妈操的心都多。随着孩子们的长大，我也发现养育女孩和养育男孩还真是不同。

我的女儿，性格比较文静，从开始上幼儿园的时候就比较遵守纪律，老师讲课的时候认真听讲，家庭作业不需要我的辅导也能做得很好，比较省心。但是我的儿子就不同了，他在学校不是和小朋友打架就是上课不遵守纪律，作业也不好好做，为此，我和孩子的爸爸很操心。

我还发现女儿从小就比较敏感，孩子过四岁生日的时候，我和孩子的爸爸分别负责给孩子送礼物，我给女儿买的是一件粉红色的连衣裙，而孩子的爸爸给儿子买的是一辆电动火车。看着儿子在客厅里兴奋地摆弄着自己的玩具，女儿偷偷地问我："妈妈，爸爸是不是不爱我了？""怎么会呢，爸爸很爱你啊！""那他为什么只给哥哥（儿子比女儿早出生）礼物，而不送我礼物呢？"这下我才明白原因，于是我微笑着告诉女儿："这几天爸爸妈妈比较忙，没有时间一起去给你们买礼物，就分工协作。爸爸专门负责给哥哥买礼物，我专门负责给你买礼物，所以爸爸不是不爱你。等明年生日的时候，我们换过来，妈妈给哥哥挑选礼物，爸爸给你挑选礼物好不好？"听了我的话，女儿满意地笑了。

除此之外，我还发现女儿的表达能力比较强，作文也写得相当不错。女儿还很喜欢交朋友，别看她小小年纪，朋友倒是不少，去年女儿过十周岁生日的时候，一下子邀请了十几个好朋友来我家。但是我的儿子就不行了，他总是调皮捣蛋，学习成绩中等，比较喜欢当英雄，总是让我和他爸爸担心。

是的，男孩和女孩是截然不同的，就像上文中的那位妈妈讲的一样，男孩调皮捣蛋，让家长操心，而女孩则文静、懂事，所以有不少妈妈都希望自己生个女孩，因为这样会给自己减少很多的麻烦。

但是稍微懂点生物学知识的人都知道，妈妈们想生女孩也仅仅只是自己的愿望，因为孩子的性别不是自己能够决定的。大家都知道女人体内的卵子与男人精液中的精子结合，便形成一个受精卵，然后发育成一个婴儿。从精子和卵子在女人的子宫里结合的那一刻起，婴儿的性别就已经决定了，而这一切都取决于男人精子里的那对特别的性染色体。男人精子里的那对染色体分别是X和Y，而女人卵子里的那对染色体是X和X。这就是说如果女人体内的卵子与含有X染色体的精子结合，那未来的婴儿就是女孩；如果卵子与含有 Y 染色体的精子结合，那未来的婴儿就是男孩。

精子和卵子的结合确实是神秘而神奇的，因为它不仅决定了孩子的性别，还影响着孩子的性格和成长。比如说女孩喜欢安静、比较敏感、渴望获得更多的爱和关注等等，这些都是 X 染色体在暗中起着作用。可以说，X 染色体就是女孩成长的一条密码。也正是因为这条 X 染色体的存在，男孩和女孩在娘胎里面的时候就区分开来。随着女孩的出生和成长，她的一系列的特质也会由此而显现出来。

当然了，仅仅是一条 X 染色体的话，它的威力没有这么大，它还有一个强有力的帮手，那就是女孩身上的女性激素——雌性激素。正是在这个帮手的大力“帮助”下，X 染色体先将婴儿的胚胎转变成女性，然后使其发育成一个女孩，并赋予其第二性征，最后使这个女孩成长为一个成熟的女性。

那么，对于女孩来说，她们的成长轨迹是怎样的呢？其实上文中那位妈妈的博客已经揭示了女孩的成长轨迹：女孩喜欢安静，不像男孩那样喜欢调皮捣蛋和冒险，她们喜欢和平安宁的生活，不喜欢打架，不喜欢惹是生非。

这些都是让父母们感到比较欣慰的地方，因此有不少父母认为，既然女孩比男孩更听话、更乖巧，那是不是就意味着我在教育女孩的时候不用费多大的力气就能把她教育好？因此教育专家也提醒父母们：不要忽略对女孩的教育，要关注女孩的心理发展。因为女孩比男孩更敏感，需要更多的爱和关注，她们更注重人与人之间的关系，如果家长们不注意把握女孩的这些特质，就可能会影响女孩的心理健康，她们会变得胆小、懦弱、依赖人。

那么，为了女孩们能够健康地成长，使她们的成长密码发挥应有的作用，父母们应该怎么做呢？

### 方法一：

首先要为女孩营造一个温馨和谐的家。

科学研究表明，在和睦家庭中成长的女孩，无论在性格方面还是智力方面都会表现出很大的优势。所以说父母要给女孩营造一个温馨的家庭，才有利于女孩的健康成长。在家庭生活中，夫妻关系要和谐，不要吵架，有事情要商量着办；要孝顺老人，尊重长辈。只有一家人其乐融融地生活，女孩才能感受到家庭的温馨和美好；只有在亲情的包围中，女孩才会有安全感，才会感受到生活的美好，才有利于她们形成良好的品质。

### 方法二：

父母不要溺爱女孩，要放手让其自由地成长。

在家庭生活中，父母不要溺爱孩子，因为溺爱就像洪水，会把孩子淹没。正确的做法是，父母要放手培养孩子的独立性，要让她们学会做自己力所能及的事情。不要什么事都为孩子包办代替，否则培养出来的孩子就像断翅的小鸟，是不能飞翔的。要尊重孩子的意愿和爱好，放手让她们自己去做自己喜欢的事情，不要阻拦，但可以在一旁指导。只有亲身实践过，女孩才能体会到自己做事的快乐，才能够增加自己的生活经历，以后碰到类似的事情，才会自己处理。独立的女孩是最自信的，不会碰到什么事情都是怯怯的，这样的孩子才能适应未来的社会需要。

### 方法三：

让女孩“辛辣”的方面与“糖”的方面协调发展。

女孩“糖”的方面是指她们温柔、善良、乖巧、懂事等等，而“辛辣”的方面是指独立、要强、有进取心等等。“糖”方面特征非常明显的女孩就会过于“淑女”，而“辛辣”方面特征缺失的女孩就会变得软弱，这样都不利于女孩的健康发展。心理学专家指出：只有让女孩在“糖”方面和“辛辣”方面协调发展，家长的教育才是最科学的。在日常生活中，母亲要通过自己的善良、友爱、贤淑等来影响女孩；而父亲则要通过自己的勇敢、坚强、冒险等来影响女孩。只有这样女孩性格中“糖”的方面和“辛辣”的方面才会协调发展。

### 方法四：

鼓励女孩发挥自己的力量和潜能。

许多家长都有这样的观点，认为女孩是脆弱的，所以她们需要家人的保护和照顾。在这样的观点影响下，家长对女孩宠爱有加，把她们看做是手心里的宝贝，女孩也在家长的关爱下无忧无虑地成长。但是她们自身的那种力量和潜能却在退化甚至消失，这样做对女孩的成长有百害而无一利。正确的做法是，父母应该鼓励女孩克服困难，鼓励她们学着自己做家务，学着做一些力所能及的事情。此外，父母还要信任她们，这样女孩才能充满信心，做得更好。

## 雌性激素，开启女性特征的“金钥匙”

迈克尔·格里安博士在《女孩是天赐的》一书中讲了坎迪斯和她母亲的故事：

进入青春期的坎迪斯，开始变得浮躁、冷淡、叛逆、极其易怒，激烈的时候甚至需要警察的帮助。她的饮食习惯也发生了变化，甚至还遭受着失眠的困扰——她被诊断患有抑郁症。用她妈妈的话说：“她已经由一个非常温柔可爱的女孩子变成了一个麻烦的易怒者。”于是，妈妈把她从公立学校带出来，经过了三次有规律的转学之后再把她送到了一所私立学校。尽管这所私立学校对坎迪斯很有好处，但她依然不能恢复原有的快乐，甚至还有自杀的企图。

后来，坎迪斯的妈妈听了迈克尔·格里安博士有关女性荷尔蒙的课程后，她突然知道了该如何帮助女儿。坎迪斯的妈妈对博士说：“你讲的内容就犹如在我的脑海里突然点燃了一盏明灯。”

那天晚上，坎迪斯的父母进行了一次交谈，之后又和心理医生交换了意见。他们换了一个新的心理医生，因为原来那位心理医生从来就不知道关于荷尔蒙方面的诊断。他们找了一个十分了解这方面知识的人，随后在他的建议下改变了坎迪斯的膳食——在她的膳食中特别添加了蛋白质和维生素，以便使她身体内的孕酮的水平保持平衡，大脑内部孕酮的受体本身并不能自动地与孕酮结合。在坎迪斯补充了孕酮之后，她不再依赖那些抗焦虑症的药物了。渐渐地，坎迪斯不仅过上了正常的生活，而且找回了自信，在学校里表现得十分出色。

在我们身边，像坎迪斯一样的女孩子应该有很多，但像坎迪斯一样幸运的女孩却很少。因为很多妈妈为自己的女儿焦急忧虑，却束手无策，她缺少帮助女儿的知识。如果能让她们都知道这个故事，了解一些关于雌性激素的知识，相信她们也能找到帮助孩子的办法。

下面我们就来介绍一些关于雌性激素的知识。激素，也称做荷尔蒙，是由内分泌腺产生的化学物质。而女性荷尔蒙是卵泡分泌的雌激素及黄体分泌的孕酮的总称。其中雌激素对物质代谢最明显的作用是它可以改变体内脂肪的分布，促进皮下脂肪沉积，所以可以使女性皮下脂肪丰厚，增加皮肤厚度，减少皱纹。孕酮令基础代谢增强，抑制雌激素的过量产生，同时分解雌激素沉积的脂肪，促使乳房的腺泡发育，使乳房增大，体温轻度升高。另外，荷尔蒙还可以维持骨骼和肌肉的健康，促进血液的供应和运行，影响脂肪代谢，调节胆固醇的比例等等。特别是女孩进入青春期后，荷尔蒙分泌旺盛，身体和心理都会发生很大变化。

医学博士德博拉·西奇尔说：“女性的生物学本性是保证她精神健康的基本要素。”一个女孩真正发展成女人，无论是她身体上的变化还是心理上的变化，都必须要靠体内性激素将其激活，所以说雌激素和孕酮是勾画和完成女性蓝图的关键。

对于那些小于八岁的女孩来说，她们和这个阶段的男孩一样，主要是依赖生长激素的控制，荷尔蒙并没有起到多大的作用。这时候，她们的生活在很大程度上，受到了自身脑系统的遗传发育模式以及环境的影响。

但八岁或十岁后，当女孩的卵巢开始产生和成年人相同剂量的荷尔蒙时，荷尔蒙的影响以及荷尔蒙对情感生活的介入，将对她们产生翻天覆地的影响。人类生物化学的研究成果已经告诉我们：为了让女性的身体和性器官完成从小女孩到成年女性的彻底转变，雌激素、孕酮以及其他次要的激素还会指导情感的、心理的以及精神上的转变——没错。它们可以穿越整个身体和脑，告诉细胞该做什么，怎么做。荷尔蒙会为女性的生存、成功、幸福、自尊和生活质量提供越来越多的保障。

雌性激素对女孩而言，是最有影响力的一种荷尔蒙，它就像一只热辣辣的小野猫，性感、活泼，渴望他人的瞩目，它对女孩的感情和个性都有着重要的影响。因为它能控制女孩情绪的稳定、思考的过程、做事的动机、爱好、焦虑以及如何处理外来的压力和性冲动。当雌性激素活动不稳定时，就会使女孩的情绪产生波动。如果雌性激素含量过低，女孩就会感到孤独、生气、悲伤、失望、易怒，这也是女孩更敏感、更容易受伤的原因。



由此可见，女性荷尔蒙一方面使女孩具有温柔、同情心、会体谅和关心人等特质，另一方面也使得女孩的情绪如同天上的云一般变化无常。了解荷尔蒙是理解女孩的一个好方法。父母只有掌握了女性荷尔蒙的一些特点，才可以帮助女孩达到真正自由的自我境界。那么，父母应该怎么做，才能遵循女孩的性别特性来教育女孩呢？

### 方法一：

让女孩感受到父母的爱。

由于女孩都比较敏感，很没有安全感，所以父母要给她们更多的关爱。在和女孩讲话的时候，父母一定不要用“你给我听着！”“别乱动！”“快点！”这类带有警告、责备、拒绝或者讽刺味道的话，这种居高临下的命令语气，会让孩子比较反感。日常生活中，父母可以多拥抱女孩，这样可以让她们感受到被关爱的感觉，同时也有助于加强亲子关系。父母面对孩子的各种问题，不要觉得幼稚，也不要不耐烦，要耐心地回答，这样会让孩子觉得自己是被尊重的。

### 方法二：

聆听女孩的倾诉，放慢解决问题的步伐。

在孩子情绪低落或者犯了错误的时候，父母不要一上来就发脾气，指责孩子，而应该停下自己手头的事情，轻轻拍拍孩子的脑袋或者握着孩子的小手，认真地看着她说：“宝贝，今天怎么了，是什么惹你生气了？”这样孩子会觉得心里特别温暖，也愿意打开自己的话匣子，对你述说自己遇到的问题或者是烦恼，这时候你要做的就是耐心地倾听孩子的倾诉，等她们倾诉完，再帮助她们分析问题或者解决问题。有时候，孩子可能倾诉完心情就好很多了。

### 方法三：

积极地与女孩交流。

父母不要等着孩子主动和自己交流，而要自己主动地关心孩子的学习生活，要主动地问她们的情况，这样她们才愿意说。如果仅仅是等着孩子说，那样和孩子之间的交流会非常有限。只有经常和孩子交流，才能及时地把握孩子的思想动态。因为孩子毕竟还小，思想和认识还不成熟，有时候分辨不清是非，这样父母就可以利用自己的知识和一些生活常识，及时地对孩子加以引导，及时地发现问题、解决问题，这样才能够更好地引导孩子健康成长。

## 大脑结构与男孩有差别

下面是一位妈妈的育儿笔记：

我的女儿妮妮比他的表哥强强晚出生三个月，但是比较奇怪的是，她竟然比她表哥早学会说话。三岁的时候，我教妮妮握笔，她就学得很快，虽然不知道自己在写什么。没事的时候，她就喜欢在小本子上面涂鸦，而他表哥这时候却学不会握笔，一让他拿笔，他就哭，想要出去玩。四岁半的时候，妮妮去表哥家玩，表哥邀请她和自己一起搭积木，她却没有兴趣，宁愿在一边抱着她的毛毛熊玩。表哥让她一起玩电动火车，她也只是看看，还说自己不喜欢。

好不容易，两个孩子都上小学了，每年的期末考试过后，拿着两个人的试卷一比，有意思的是，妮妮的语文成绩特别好，从一开始学习拼音，到后来的组词造句，都做得特别好，但是她表哥的语文试卷，组词和造句都是错误百出。可妮妮的数学成绩就一般，他表哥每次的数学分数都比她高。因此，两个人的总分基本上都是打个平手。

到了小学三年级的时候，妮妮的作文每次都被老师当做范文在班上阅读，而她表哥的作文，总是拼凑字句，但是还是兔子尾巴，怎么也写不长。妮妮的姑姑给她表哥报了作文班，但是半个学期的培训下来，孩子的作文还是没有提高。她姑姑也不知道儿子的作文为什么还是写得那么差，难道是儿子没有认真听课？去问辅导班的老师，孩子是在认真地学习，没有在课堂上调皮捣蛋。而我也给妮妮报了个数学辅导班，但是她的数学成绩也不见提高。

这两个孩子，一个语文好，一个数学好，这要是合在一个孩子身上该多好啊。尽管我们做家长的都费了很多的心思来辅导孩子，但是孩子的成绩还是没有提高多少，这是怎么回事呢？

相信有不少家长都发现了这一差异，这到底是什么原因呢？原来，这些个别领域成绩的差异，是由女孩与男孩大脑结构的不同而造成的。

我们的大脑皮质是一层薄薄的神经细胞组织，大约只有五六张名片那么厚，但它却主宰着我们的智慧。性别所造成的很多行为差异正是源于两性大脑功能分布上的差异。经科学研究发现，男性大脑的右边皮质较厚，而女性大脑的左边皮质较厚。

婴儿出生前后，大脑细胞生长的速度越来越快，彼此间不断建立起新的联系。对于所有婴儿而言，大脑左半球皮质的生长速度比右半球皮质的生长速度慢，但是女婴大脑左半球皮质的生长速度较快——因为女婴体内的雌激素促进了大脑细胞的快速发育。

而人的大脑左半球是语言中枢，女孩左边大脑的皮质较厚，就使得她们普遍比男孩更早学会说话。但是事物都是具有两面性的，男孩大脑的右边皮质较厚，大脑右半球的内部连接发达，所以，几乎每个男孩都特别擅长数学，因为数学是大脑右半球负责的活动。

尽管人类大脑的两个半球各司其职，但是这两个半球并非完全孤立的，而是依靠神经纤维束相互连接，这个纤维束被称为“胼胝体”。女孩大脑中胼胝体的体积大于男孩大脑中胼胝体的体积，换句话说，女孩左右脑之间的联系多于男孩，同时调动左右脑的能力则更强一些。

因为女性大脑半球之间的连接异常发达，所以中风的女性能很快恢复过来。相比之下，男性患者就没那么幸运了，他们的恢复过程比女性慢，而且不如女性恢复得彻底。

当女性大脑的部分结构遭到破坏时，大脑半球之间丰富的连接就派上用场了。这些连接能代替被破坏的部分继续工作。这也许能够解释，为什么老师在同样教导学习成绩不好的女生和男生的时候，女生的进步要比男生快。因为女生能够很快利用大脑左右半球之间的联系来理解老师的教导，而男生对那些语重心长的教导却不会有太大的反应。

这些大脑结构上的差别还可以用来解释为什么女孩更容易理解和感受别人的情感，更容易体察别人的内心世界。人类行为学家曾这样总结道：女性是天生的交际家，把她放入人群，她自动就能学会人际交往的技巧。但在这方面，男孩的表现总会令家长们失望，因为男孩不仅不会像女孩那样关心、体贴他人，有时当与别人发生矛盾时，他们只会用“拳头”说话。

了解了男孩女孩大脑的结构差别之后，父母们就能理解女孩在成长过程中遇到的一些实际困难，并采取相应的措施来帮助她解决问题。那么，具体到对女孩的教育中，父母应该怎么做呢？

### 方法一：

父母要重视后天的教育作用。

生物学家表示，受家长教育方法的影响，孩子的大脑结构是会发生改变的。所以说父母在了解到女孩与男孩大脑结构的差别之后，更要重视对女孩这方面能力的培养。父母一定要认识到，即使一些没有空间感的女孩也能成为伟大的建筑师，关键是父母要重视对女孩后天的教育，要认识到鼓励和教导确实能影响女孩大脑后天的发育，对女孩大脑后天发育的状况造成影响，只有这样才能更好地开发她们的右脑。

### 方法二：

鼓励女孩多做左侧肢体的运动。

因为右脑半球控制左侧肢体，多做左侧肢体运动可以刺激右脑。所以说父母平时可以有意识地让女孩多做些左侧肢体的运动，比如说父母可以鼓励女孩用左手拿剪刀、切菜、打乒乓球、写字、画画，用左脚踢毽子等。当然，这并不是要让女孩变成“左撇子”。经过训练之后，女孩能够用左右手交替从事活动，对大脑机能的平衡、协调，对右脑的开发是非常有好处的。

### 方法三：

鼓励女孩学外语。

美国神经外科专家近年研究发现：儿童学会两三种语言跟学会一种语言一样容易。因为当孩子只学会一种语言时，仅需大脑左半球，如果同时学习几种语言，就会“启用”大脑右半球。女孩本身在语言学习上就比较有天赋，家长们可以根据她们的实际情况，让她们多学几门外语。

### 方法四：

多给女孩听听音乐。

父母可以每天让女孩听听音乐，她们长大一些，也可以让她们边听音乐边画画，充分发挥自己的想象力，将自己感受到的音乐形象画在纸上；还可以让女孩随着音乐即兴舞蹈，或随着音乐操作乐器。这些训练，都可以使右脑具备较高的灵敏性。

### 方法五：

鼓励女孩多参加体育运动。

右脑在运动中随之而来的鲜明形象和细胞激发比静止时来得快，在打拳或做操时有意识地让左手、右手多重复几个动作，可以刺激右脑，激发灵感。家长们可以鼓励女孩多参加一些体育活动，这样不仅可以强身健体，还可以开发她们的右脑。

## 女孩的个性和天赋

小时候，曼曼是妈妈的骄傲，因为那时候的曼曼多才多艺、聪明伶俐。妈妈还记得，曼曼不到一岁的时候就已经能够清晰地叫爸爸妈妈。一岁半的时候，就能够和人进行基本的聊天。不到三岁的时候，曼曼就能写出自己的名字和背诵简单的古诗。在幼儿园学了新的儿歌和舞蹈，回家能够一点不落地表演下来。小学的时候，曼曼的成绩比较拔尖，每次都是班上的前三名，作文更是写得好，妈妈从来没有操过心。

但是进了初中后，曼曼的学习成绩就开始下滑了。初一的时候还能考在班上的前十名，可自从进入初二，曼曼的成绩就直线下滑。首先是立体几何，学立体几何需要空间思维，她的脑袋怎么也转不过来，到后来见了那些图形就发晕，根本不知道该怎么去解决题目。所以每次数学考试，有关立体几何的题总是不会做，或者是只能做出前面一点，后面会有大片空白。还有新开设的物理课，曼曼学得很差劲。对于那些物理公式，曼曼怎么也理解不了，所以也就记不住，做题目的时候就不会做。



尽管曼曼的语文和英语成绩还是很拔尖的，但是数学和物理每次都拖她的后腿。这让曼曼很苦恼，也让曼曼的父母很着急。他们搞不明白，为什么孩子小学的时候学习成绩还是好好的，到了初中就直线下滑了呢？难道是自己的女儿变笨了吗？

相信很多父母都有和曼曼父母一样的疑问：为什么随着女儿年龄的增长，学习成绩会不断地下滑呢？尤其是那些理科科目，女孩都不擅长，这是为什么呢？

其实，家长们要明白，这并不是因为女孩越长越笨，而是和她们的发展规律有关。青春期之前，女孩的智力要比男孩发展得快一些，这时的女孩会表现出很多天赋。但到了青春期，由于受身体和情绪的变化等因素的影响，女孩的天赋会渐渐减少。

前面一节，我们已经提到了女孩和男孩大脑结构的差别，也正是这些差别造就了女孩的天赋和弱势。那么，女孩的天赋和弱势有哪些呢？

女孩的天赋：

1. 女孩口齿伶俐，比较心灵手巧。

由于大脑结构的优势，女孩通常能够比男孩更早、更生动、更流利地使用语言，通常男孩到四岁半才能讲清楚自己想要表达的内容，而女孩三岁时就能做到了。同样，女孩比男孩更加心灵手巧，因为她们对色彩比较敏感，很早就可以握住画笔，所以她们的精细动作比男孩发展得好。

2. 女孩的感觉很灵敏。

女孩在听觉、视觉、触觉、味觉和嗅觉方面都比男孩敏感，比如女孩对噪音的反应更强烈，在黑暗中女孩看得要比男孩清楚，女孩有更多的味蕾，更容易受到气味的吸引等等。所以，女孩更擅长调动自己的各种感觉，捕捉到那些微妙的、不容易被人发觉的信息以及更为具体的细节，建立起自己的直觉系统。

3．女孩比较擅长人际交往。

女孩天生注意人与人的关系，而且对这种关系很敏感。研究发现，刚出生的女婴就比男婴更喜欢观察人的脸孔。女孩会把先天优势自然地应用到人际交流中，由此她们喜欢交往，并注重发展亲密的友谊。

4．女孩感情丰富。

我们在上一节讲过，女孩体内的雌性激素对女孩的感情和个性都有很大影响。所以，相较于男孩，女孩的感情相对丰富。很多女孩都会依靠这种丰富的感情，关心、照顾他人，发展和完善自己。

女孩的弱势：

1．女孩的体格没有男孩强壮，缺乏竞争和冒险意识。

在体格上，女孩天生没有男孩强壮，所以需要得到更多的照顾。她们一般不喜欢带有竞争性的游戏，缺乏竞争和冒险意识，很多时候处于被动状态。

2．抽象思维能力差。

女孩习惯用左脑或者是左右两脑同时思考问题，而男孩的右脑则比较发达，所以她们在抽象思维方面表现得比男孩差。就像上文中的曼曼一样，对那些复杂的物理公式很不在行，还有对那些立体几何甚是头疼。

3．空间思辨能力不足，方位感很差。

美国科学家曾经做过一项部件组装测试：要求男孩、女孩把不同的火花塞和瓶塞分别插到对应的内燃机、瓶子上，结果男孩的成绩远远超过女孩。这或许可以解释为什么女性建筑师的数量要远远少于男性建筑师。除此之外，女孩的空间能力大大低于男孩，这就是女孩容易迷路的原因。

4．逻辑思维能力不强，判断问题极易情绪化。

心理学家认为：男性在判断和认识问题方面比女性更进一步，男性的思维在判断问题时有较高的逻辑性，能够客观地理解事物本质。女性思维则逻辑性不太强，往往具有比喻性和故事性，判断问题时带有强烈的主观色彩，既易受外界暗示的影响，也易受自己感情的影响。

是的，女孩有自己的优势，也有自己的劣势。儿童心理学家告诉我们，父母对女孩的态度往往决定了她的未来。

那么，父母应该怎样帮助女孩更好地发挥优势、弥补缺陷呢？

### 方法一：

父母应该纠正自己的偏见。

不少父母都持有这样的观点：认为女孩根本就不是学习理科的“材料”，并且在生活中，他们有意无意地把这种观念表现了出来。在孩子数学没有考好的时候，他们会说：“你确实不擅长数学。”这样就等于是给女孩贴上了标签。以后在学习数学的过程中遇到了困难，哪怕是自己稍微动下脑筋就可以解决的，也会不假思索地放弃，原因就是由于家长的话，女孩渐渐对自己失去了信心。所以父母应该纠正自己的偏见，这样女孩才能更好地认识和发挥自己的能力。

### 方法二：

培养女孩的抽象思维能力。

女孩的抽象思维能力比较差，父母应该从小就帮助女孩培养空间的概念。在她们小的时候，可以鼓励她们用积木建造各种漂亮的房子；从小教女孩学习认路，让她们多做图形的变化和组合练习。这样有利于培养右脑思维的流畅性、变通性和独特性，能够提高女孩的抽象思维能力。在进入中学之后，因为开始学习女孩不擅长的立体几何和复杂的方程式，以及物理和化学，这时候，家长要教她们正确的学习方法，要对她们多加鼓励。这样女孩才能对自己的学习充满信心，并且取得进步。

### 方法三：

让女孩学会用画图的方式来解决阅读障碍。

教育专家经过研究发现，虽然女孩在语文方面存在很大的阅读优势，但面对数学、物理等理科科目时，女孩的阅读能力根本派不上用场，有时它甚至还会促使女孩出现阅读障碍。因为这些障碍，女孩在阅读数学题目的时候会出现弄不明白意思，或者把题意理解错了的情况。面对这种问题，父母可以鼓励女孩学会动手，用画图的方式解决这些问题。因为通过画图，抽象的事物会变得具体化、形象化，有助于女孩分析题目和解答题目。

## 女孩都是敏感的感情小动物

珊珊是个6岁的小女孩，聪明伶俐，但就是比较敏感。在家里谁和她大声说话，她就会以为是在批评她，为此会闷闷不乐。每次穿上一件新衣服，珊珊都要问问家人自己的衣服好不好看，只有大家都给予肯定，她才肯穿出门。要是有一个人的表情不好，无论如何她也不愿意穿着那件衣服出门。

一天，比珊珊小一岁的表妹来家里玩，奶奶因为很久没有见到珊珊的表妹，主动上前去拥抱了表妹，并且亲了她一下，珊珊为此一直闷闷不乐的。直到晚上姑姑带着表妹离开，珊珊才小心翼翼地问妈妈：“奶奶是不是不爱我了？”妈妈一听珊珊的话很吃惊：“没有啊，奶奶当然很爱你啊！”“那她为什么今天抱妹妹，还亲了妹妹一下，可她都没有亲过我。”珊珊撅着嘴说。听完珊珊的话，妈妈终于明白了原因，笑着对珊珊说：“你和妹妹谁大啊？”“当然是我大啊。”珊珊想也不想地说。“是啊，你比妹妹大，奶奶抱妹妹也是应该的啊。奶奶亲妹妹一下，那是因为她很久没有见到妹妹了。平时在家里，奶奶还不是经常亲你，奶奶怎么会不爱你呢！”听完妈妈的解释，珊珊点点头，脸上明显一副释然的表情。

不过珊珊的妈妈还是很担忧，孩子还这么小就这么敏感，以后该怎么办？

相信很多父母都有和珊珊的妈妈一样的发现，那就是自己的女儿比较敏感，有时候一点点的小事情，可能是别人无意间的一个动作或者一句话，都会让她郁闷半天；有时候别人无意间的一个不悦眼神，她也会为此猜测和烦恼半天；还有时候，我们也会见到女孩在课堂上，因为没有回答出老师的一个问题，就觉得自己比较丢人，会偷偷地掉眼泪或者是哭泣。

是的，女孩确实比男孩敏感得多，男孩一般都是大大咧咧的，不会像女孩这么“小心眼”，男孩被批评了也没有什么，该玩还是玩，该乐还是乐。但是女孩却做不到这样，她们会郁闷上半天，会为此烦恼、懊悔。这到底是为什么呢？

原来这一切都是因为女孩体内的雌性激素在作怪。雌性激素控制着女孩情绪的稳定、思考的过程。雌性激素活动不稳定，就会使女孩的情绪产生波动。如果雌性激素过低，女孩就会感到孤独、生气、易怒、神经过敏、悲伤、失望、缺乏自尊，让别人觉得她的大脑短路了。

不过，我们应该一分为二地来看待女孩的这种敏感。一方面，因为敏感，女孩能够捕捉到那些微妙的、不容易被人发觉的信息以及更为具体的细节，使得她们能够理解他人的感情，比男孩更容易察觉别人的情绪；另一方面，因为敏感，女孩无论是在身体上还是在感情上，都特别容易受到伤害，甚至这些伤害可能他人根本没有办法察觉到。



在了解了女孩的敏感特征之后，父母应该怎么做才能避免对女孩造成伤害，使女孩更快乐呢?

## 方法一:

家长要理解女孩的敏感，给女孩安全感。

女孩都是敏感的感情小动物，父母一定要认真观察她们的情绪变化，对她们的行为要给予理解和同情，这样女孩才不会孤独和脆弱。对于敏感的女孩来说，她们更加渴望得到父母的关爱，渴望经常和父母在一起。因为她们总是缺乏安全感，渴望得到心灵的慰藉。所以说父母不管自己的工作多么忙，都不要忽略了孩子，要抽点时间和女孩在一起，关心女孩的生活、思想，用自己的实际行动，让女孩感觉到安全感，这样女孩的性格才能够得到完善。

## 方法二:

对女孩多些鼓励，少些批评。

女孩都是敏感的，所以在生活和学习中，父母要多给她一些鼓励，而不是批评或者责骂。父母要善于发现女孩的一些闪光点，要及时地对她们提出表扬。有时候，即使做一件事情，女孩并没有成功，父母也不要仅仅盯着结果看，而要看见女孩在做事情的过程中付出的努力和汗水。当孩子考了第二名高高兴兴地向家长汇报，而家长却说:“你高兴什么啊，还没有考到第一名呢。”这样孩子的快乐和自信，瞬间便被家长的话打击得无影无踪了。家长应该说:“你这次考得非常棒，下次再努力，就是第一名了。”孩子听了父母的话，就会觉得自己动力无限，自信满满，下次还会继续努力，真的就会考个第一名。

## 方法三:

父母要保护女孩的自尊心，培养她们的自信心。

缺乏自尊心的女孩易敏感而哭泣，因此父母要帮助女孩提高她的自尊心，这样女孩就会认同自己，会产生自信心。在生活中，父母要保护女孩的自尊心，不管女孩犯了多大的错误，做了一件多大的错事，父母都不可以当众批评孩子，那样会伤害她的自尊心，使她丧失自信心。还有，家长对女孩的期望要合理，有多大力气就让她做多少事，而不要让她做超出她能力范围的事情，那样她注定会失败，会受到打击。

**方法四：**

父母要学会控制自己的情绪，对女孩不要过于严厉和苛刻。

敏感的孩子极其容易受到父母的焦虑、紧张、愤怒、忧郁等情绪的影响。所以说父母一定要学会控制自己的情绪，不要让孩子受到自己情绪的影响而变得烦恼、郁闷、忧愁。当父母心情不好的时候，不要对着无辜的孩子发泄，女孩本来就比较敏感，要是父母这样做，她们会变得更加敏感胆小。父母对孩子不要过于苛刻，要宽容，那样女孩才会觉得放松，否则她会一直生活在紧张和不安当中，不利于她的身心健康。父母一定要记住，有时候在孩子面前没有控制住自己的情绪，事后一定要向她们解释，免得她们无端的猜测，心情郁闷。

## 女孩很在乎与别人的关系

周五的晚上，蓝蓝放学回来，把书包往桌子上一扔，然后就坐在沙发上生闷气，一副很委屈的样子。妈妈做好饭叫她，她也不理。看孩子这样，妈妈就问："蓝蓝，你怎么了，有事情说给妈妈听听，看看妈妈能不能帮你。""今天放学的时候，佳佳（蓝蓝的好朋友）叫敏敏明天一起逛街，都不叫我，太过分了，平时我都叫她一起逛街的。她这样简直不把我当朋友嘛，亏我每次对她那么好，什么都叫上她。"蓝蓝生气地说。听完蓝蓝的话，妈妈说："原来是这样啊，上周佳佳不还叫你一起玩吗？是你多想了，佳佳可能觉得总是麻烦你有点不好意思呢，所以就叫了敏敏啊。”听完妈妈的话，蓝蓝想想也是啊，于是心里的阴霾就慢慢散开了。

下午放学，妈妈去学校接蕾蕾回家，结果看见蕾蕾很不开心的样子，妈妈觉得很奇怪，平时这孩子见到自己总是兴高采烈的，老远就飞奔过来，今天是怎么了，走得慢吞吞的。于是妈妈笑着说：“我的小公主，今天怎么了，是谁惹你不开心了，跟妈妈说说。”“没有谁惹我不开心，是我自己不小心摔坏了甜甜的文具盒。”原来今天课间休息的时候，甜甜给大家展示她的新文具盒，同学们都觉得很漂亮，都想看一下，结果轮到蕾蕾的时候，她没有拿好，把文具盒摔在了地上摔坏了。当时甜甜十分生气，蕾蕾看见甜甜生气，自己更加内疚了。知道了原因，妈妈说：“这样吧，摔坏了甜甜的东西是要赔偿的，一会儿回家吃完饭，你带着你的零花钱，妈妈陪你一起去买个新的文具盒赔给甜甜吧。”听妈妈这样说，蕾蕾才卸下心里的“大石头”。

由此，我们可以看出女孩非常重视自己和他人之间的关系。其实，在生活中我们也会发现很多像蓝蓝和蕾蕾这样的女孩，当她们感觉到别人不在乎她们的时候或者是自己和他人关系不融洽的时候，她们会极度地伤心、难过、无助。这到底是怎么回事呢？为什么女孩会那么在乎自己和别人之间的关系呢？

女权心理学家简·贝克·米勒博士和韦尔兹利学院斯通中心的研究者们认为，从女孩诞生的那一刻起，她就开始发展注意力和关心发生在她和其他人之间的事情。这也就意味着女孩从诞生的那一刻起，一直就是用“关系”来衡量她周围的世界的。

美国多产作家艾里姆夫妇在一本名为《养育女儿》的畅销书中提

到当女孩与他人接触时，她们最想知道以下几件事情：

第一，我们之间有关系吗？第二，我们之间关系的本质是什么？第三，在这种关系中，我处于何种地位？第四，要维持这种关系，我应该做些什么？

女孩之所以会这样，都是体内的荷尔蒙在作怪，荷尔蒙的周期比较灵敏，它们对女孩的情感、道德、精神和身体发育都有非常重要的作用。正是这些荷尔蒙使得女孩更喜欢与人和谐、融洽地交流，无拘无束地相处。她们在寻求一种关系，在这种关系中，她们平等地付出与获得，相互依存和制约。所以说，沟通和交流是她们维持联系的方式，渴望关爱和友谊等亲密情感是她们的天性。

那么，在了解了女孩的这一天性之后，父母应该怎么做呢？

### 方法一：

父母要主动和女孩沟通交流。

据研究，孕妇自妊娠6个月起，胎儿就不断“凝神倾听”。当胎儿听到音乐时，胎儿心跳会变快；当胎儿听到汽车的喇叭声时，胎儿会出现频繁胎动；当用光照射孕妇的腹部时，胎儿会有眼球活动。胎儿对母体及母亲的声音具有依赖性与敏感性，直接影响到胎儿的声音系统的形成。因此，父母在怀孕期间就必须把握好与胎儿的沟通。随着女孩的不断长大，父母更要主动地与她们沟通交流，及时地把握她们的思想动态，给她们鼓励和引导，这样才有利于加强亲子之间的关系。

### 方法二：

为女孩提供更多的交往机会。

随着居住环境的变化，孩子们大多居住在钢筋混凝土建造的房子里面，家家户户都是关着自己的大门，这就使得孩子缺乏和人交往的机会，造成她们的交往能力低下。所以说父母要给女孩创造更多的交往机会，比如说可以带孩子去参加一些社交活动，这样既能增长孩子的见识，又能培养孩子的交往能力；还可以鼓励孩子邀请同学或者朋友来家里做客、聚会，这样也有利于孩子交到更多的好朋友，发挥她们的天性，提高她们的交往能力。

### 方法三：

培养女孩的交往素质。

女孩喜欢交往，但也要有必备的交往素质，比如有礼貌、尊重他人、平等待人等素养。父母要教导女孩多和周围的邻居打招呼，多说“你好”、“你早”；在和其他人交往的时候要多说“请”、“对不起”、“谢谢”。只有做一个讲礼貌的孩子，才会深得人们的喜爱。当孩子的朋友遇到困难的时候，父母要支持和鼓励孩子帮助朋友克服困难；当孩子和朋友的观点相悖的时候，父母要教会孩子耐心倾听朋友的观点，尊重朋友的想法，可以求同存异，不要强迫别人信服自己的观点。在交往中，只有懂得宽容和谦让，才能建立良好的人际关系。

### 方法四：

鼓励女孩学会维护自己的正当利益。

在生活中，我们会见到这样的女孩：朋友邀请她一起去逛街，她明明很不想去，还是勉强自己跟着朋友一起去，她觉得这样才能不伤害朋友的感情，维护自己的友情。如果拒绝朋友的话，她会觉得内心不安，非常的内疚。但是也正是因为这样，她们丧失了独立性和自主性，也损害了她们自己的利益，使得自己过于被动。父母应该教导女孩在和人交往的时候，要维护自己的正当利益，不管是做什么事情，首先要表达自己的真实想法，不损害自己的利益，只有这样才能够建立正常的人际交往关系，也会让女孩从交往中获得快乐。

# 富养气质

## ——女孩的资本是气质

### 高贵气质：气质是女孩的魅力砝码

父母应该都希望自己的可爱女儿在将来能拥有高贵的气质吧？一提到“高贵”二字，我们首先就会想到那些达官贵人、显赫世家、皇室贵族，好像只有在那些地方才能培养出拥有高贵气质的女孩来，高贵气质也只有跟王妃公主、名媛佳丽才相配。

其实，这种认识有所偏颇。不是说我们普通女孩不能拥有高贵气质，而且拥有高贵气质的女孩并非都出自名门。如果我们的女儿能拥有高贵气质，那将是多么让人幸福的一件事情。

我们都知道最有名的“平民王妃”戴安娜，美丽高贵、善良贤淑，她走到哪儿都能受到人们的热烈欢迎。然而，她在没嫁给查尔斯王子前只不过是出生在一个普通家庭的普通姑娘，而她的个性和气质却吸引了王子，也得到了英国皇室的认同。更重要的是她还得到了普通大众的肯定，因为她的美丽和善良让世界各地的人们记住了她。

还有一位有名的“平民王妃”，那就是日本第125代天皇明仁的皇后正田美智子，美国《时代周刊》曾两度在封面刊登她的肖像，将她誉为“昔日磨坊女，今日太子妃”。日本国民也将她视为皇室外交的头号明星。她曾陪同明仁数十次出访国外，以美丽的容姿、优雅的举止、流利的英语，给访问国留下了美好的印象。正田美智子也是出生在普通家庭，在一次网球比赛中，明仁被她的沉着自信、细心坚韧、机智勇敢所打动，最终把她娶回了家。

女孩的高贵并非是指要出身豪门或者本身所处的地位如何显赫，这里的高贵是指心态上的高贵。所以，高贵的气质不是由出身决定的，而是经过锻炼和培养出来的。

气质本身是一个心理学概念，它指的是人类典型的、稳定的心理特点。一个人的气质是内在涵养的外在体现，是内在的美好不自觉地外露，而不是表面功夫。如果一个人胸无点墨，用再华丽的衣服装饰也是毫无气质可言，反而会给别人肤浅的感觉。

高贵的气质来自于鲜明而迷人的个性。比如戴安娜的善良、正田美智子的自信，比如开朗、乐观、大方得体、不容侵犯，比如现代女性的不媚俗、不盲从、不虚荣等等一切让人感觉高尚尊贵的性格。

气质是女孩的魅力砝码，尤其是典雅高贵的气质，更是让女孩有一种闪光的魅力。父母要想让自己的宝贝女儿拥有高贵气质，那就得从小对其进行培养。

## 方法一：

培养女孩的自信。

著名影星索菲亚·罗兰在《女性与美》中说道：“如果你自信，你就美丽。一旦相信自己有自信的充分理由，真正美丽的潜力便属于你所有。”她是这样说的，也是这样做的。半个世纪之中，她以动人的风采、卓越的演技给人们留下70多部影片，被授予奥斯卡终身成就奖。从一个贫寒之家的女孩到国际影星，是自信让索菲亚·罗兰熠熠生辉。

自信，就是相信自己的力量，拥有一种勇气，期望受到他人、集体和社会尊重的一种积极向上的情感倾向，并坚定地为实现某种目的而努力。自信心的培养并不是一朝一夕的事情，它需要时间的磨砺，要经受生活的考验。因此，父母要从小培养女孩的自信心，耐心地指导女孩克服成长道路上的各种困难和挫折，欣赏她的优点和长处，让她对自己充满希望和肯定。

### 方法二：

引导女孩多阅读。

古人云：“腹有诗书气自华。”多读书，胸有笔墨，气质自然不一样。阅读，除了令人快乐、获得知识与信息外，也可启发想象力及创造力，培养对图文的审美观。更能借此探索自我、了解外在世界，进而建立对各种事物的积极态度。如莎士比亚所说：“生活里没有书籍，就好像没有阳光；智慧里没有书籍，就好像鸟儿没有翅膀。”优美的文章、经典的著作，能带给女孩心灵的愉悦，能带给女孩美妙的精神享受，能带给女孩诗意、灵性和聪慧。

父母要多为女孩选一些好书，让她养成每天阅读的习惯，让她在阅读中多一些好奇心与探索精神，多一些幽默与想象力，多一些文化与书卷气，在阅读中提升她的素养和气质。

### 方法三：

开阔女孩的视野。

除了培养孩子的阅读习惯，父母还要多带孩子出去走走，以便开阔她的视野，提高她对社会和自然的感知，丰富她的心灵。当女孩见多识广之后，知识的积累和感受的沉淀将会使她的气质如林中秀木，卓尔不群。一位母亲说：“为了女儿的健康成长和培养她的气质，我们时常在假期里带她出去旅游：手头不宽裕的时候，我们带她到近的地方游玩；手头宽裕的时候，我们带她到远的地方去玩。她今年虽然才12岁，我们已经带她游历过泰山、黄山、桂林漓江、内蒙草原等，到过上海、苏州、青岛、大连等多个城市。她的老师和同学都夸她大气、成熟，这让我们很欣慰。”在节假日，不妨多带女孩出去走走，这对女孩高贵气质的培养有着不可低估的作用。

### 方法四：

培养女孩注重礼仪、仪态的好习惯。

所谓礼仪的“礼”即礼节、礼貌，它是社会文明程度的标志，更是一个人的内在体现。而仪态是礼仪的一部分，它侧重于一个人的穿着、打扮等外在风貌。作为女孩，如果没有好的礼仪习惯、好的仪态，就谈不上有气质，更谈不上高贵气质。如我们经常会在电视上看到西方宫廷的一些女孩子，她们的出场每每让人惊艳，她们的着装、修饰以及待人接物的方式无不让人赞叹，这就是一种高贵的气质。所以父母要培养女孩注重礼仪、仪态的好习惯，告诉她学会用礼貌用语，让她保持干净整洁，教会她装扮的技巧等等，这样女孩长大后才能出落得端庄、高贵。

## 淑女气质：温文尔雅的闺秀美

“窈窕淑女，君子好逑。”千百年来，这句话一直被人们吟诵。这里的“淑女”，更是成为许多人的梦中情人，也是女子形象中最为美好的一个。在中国传统文化和礼仪中，女孩子要做淑女的思想也一直被人们所推崇，还曾一度出现过许多培养淑女的学堂、学校、培训机构等等。即便在当下思想大变革的中国，也有这种机构存在，就连日本、新加坡等一些发达的亚洲国家，也有这样的学校或机构。可见，淑女的培养是多么深入人心。

为什么淑女会受到如此重视和欢迎呢？大概不需要论证。有谁不喜欢彬彬有礼、温婉优雅的女孩子呢？一副大家闺秀的风范，会让人拜倒在她的石榴裙下。优雅是东方女子的一种传统美，相对于西方女子的美，更显含蓄、委婉，是一种渗透灵魂、动人心魄的美，是一种沉淀于骨子里、随着时间的积淀而日益馨香的气质。优雅的女孩永远如一枝幽兰，其馨香缓舒、经久不衰。

随着时代的发展，“淑女”和“优雅”好像都不像以前那么受到人们的推崇和青睐了。不过无论时代如何变迁、年青一代的审美观如何变化，每个女孩的父母还是希望自己的宝贝女儿有女孩子的样子，而不愿意她们成为疯疯癫癫的“假小子”。根据调查数据显示，80% 的女孩父母还是喜欢自己的女儿文静一些，淑女一些。在这个“女孩子的样子”和父母心中淑女的形象中，毫无疑问，举止优雅要排在第一位。

举止优雅的女孩子，待人接物彬彬有礼，不卑不亢；举止优雅的女孩子，行为得体、大大方方；举止优雅的女孩子，懂得倾听，不顶嘴不狡辩；举止优雅的女孩子，随时随地体贴和照顾他人，尊敬和关心他人；举止优雅的女孩子，善良可亲，微笑时常挂在脸上……这样的女孩怎么会不受欢迎呢？举止优雅，赋予了女孩柔性、大气、得体之美，让女孩温文尔雅，具有超凡的气质，为女孩成长为淑女奠定了最强有力的基础。

作为父母，我们要把自己的女儿培养成一个小淑女，让她在以后的人生中得到更多的幸福。那么，应该怎样培养女孩温文尔雅的气质呢？

## 方法一：

因材施教，正确引导。

时代变了，社会环境变了，我们不能再像以前那样要求女孩子了，只有因材施教，孩子才能健康成长。比如有的女孩子天性好静，有的则天性好动，我们就不能统一要求她们。因此，要想将自己的女儿培养成真正的小淑女，那就要先了解自己的孩子，个性化对待。

对于精力旺盛、天生爱动的女孩，父母要教她做一些安静的事情，例如折纸、下棋、画画、钓鱼、摄影、集邮等，这些活动有利于培养女孩安静专注的性格；也可多为她提供一些体育用品，如皮球、小自行车、溜冰鞋等，这些都是好动孩子十分青睐的物品，当孩子满腔热情地投入到体育活动中时，可以达到以动制动的目的。但不可用强制的手段，硬让一个性格外向、精力充沛的孩子变成一个安静的小淑女。对于本来就比较安静的女孩，就要注意在平时的生活细节中培养她的习惯和气质。比如不随意乱扔杂物、注意环境整洁，节约水电，爱护花草树木，对别人的帮助表示感谢，约定时间要守时，用餐要注意礼节等等。让女孩的行为中体现出更多的文明意识、现代意识，而不是繁琐、刻板的规矩。

## 方法二：

告诉女孩举止优雅的标准。

优雅举止还有一定标准吗？是的，它大致分为：仪容仪表、行为举止、表情神态、言谈措辞。在日常生活中，父母不妨在这几个方面对女孩提出合理正确的要求：

1. 要把脸、脖子、手都洗得干干净净；勤剪指甲勤洗头；早晚刷牙，饭后漱口，注意口腔卫生；经常洗澡，保证身体没有异味；衣着要干净、整洁、得体。

2. 站立时要保持姿势优美，身体直立、挺胸收腹、脚尖稍向外呈V字形；要避免无精打采、耸肩、塌腰，千万不能半躺半坐；走路要昂首挺胸，肩膀自然摆动，步速适中。

3. 与人交往要表现出对他人的尊重、理解和善意，要面带微笑，不能出现随便剔牙、掏耳、挖鼻、搔痒等不良习惯动作。

4. 养成使用文明礼貌用语的好习惯，如经常说“您好”、“谢谢”、“请”、“对不起”、“没关系”等。还要注意，沉默寡言、啰嗦重复，都是不正确的语言表达方式。

需要注意的是，父母向女孩讲解优雅举止的标准时，不要用教训、命令的口吻，而是要循循善诱、谆谆教导。当优雅举止成为女孩一种不自觉的习惯时，她卓尔不凡的气质也就形成了。

### 方法三：

多提示，多表扬，不要批评和指责。

那么多的标准对于一个孩子来说很难迅速地掌握和执行，即便是大人，都不一定能做完美，所以，在培养女孩的好习惯时，不能操之过急。如果父母对孩子严厉斥责，往往会使孩子产生反感和抵触情绪。要想让女孩变得举止优雅，最好的方式就是多提示和表扬。比如孩子有爱抠鼻子的坏习惯，如果父母说“住手，不要再抠了”，孩子可能一时不抠了，但因为反感父母对自己斥责，过会儿就忘记了；如果父母说“抠鼻子是一种很不好的习惯，我们要改正，妈妈相信你能做得到”，那么孩子就会记住下次不这样做了。当孩子改掉一个坏习惯养成一个好习惯时，父母要给予及时表扬，这样可以让孩子的这种好习惯得到延续。经常这样提示和表扬孩子，用不了多久你就会发现，你已经不再需要提示，只需适时表扬就可以了。

### 方法四：

妈妈要做优雅的好榜样。

无数事实证明，妈妈的一言一行都对女儿有着巨大的影响。比如妈妈说话大嗓门，那女儿讲话也必然不能细声细语；妈妈行为无所顾忌，女儿自然也会大大咧咧。所以要想培养出真正的小淑女，妈妈必须先做优雅女人，做女儿的好榜样。

妈妈要尽量控制自己的脾气，克服自己不优雅的行为，还要多读书、多学习，懂得生活，塑造自己的优雅形象。

在家里，还可以放一些舒缓优美的钢琴曲，营造一种优美的意境，来陶冶自己和孩子的情操，使躁动的心得到平复。有条件的话让孩子去学一种乐器，慢慢培养她温婉优雅的情趣。

## 知性气质：女孩必不可少的魅力

“知性”一词早有存在，而“知性美”、“知性气质”却是近年来才流行起来的词语，且日益被人们接受和重视，它们常常被用来形容知识女性。拥有知性气质的女性自信、大度、聪明、睿智、富有内涵、张弛有度，深受人们的喜爱和欢迎。比如我们耳熟能详的杨澜、陈鲁豫、吴小莉、刘若英、徐静蕾等等，都是知性女子的代表。知性女子在近几年来很受追捧，知性已经成为一种众多女性追求的时尚和潮流。

那么，什么是知性和知性美呢？

“知性”一词来源于德文 Verstand，也被译为“理智”或“悟性”。在哲学史上，最早提出“知性”概念的是柏拉图，他将知识分为想象、常识、科学和数学知识、哲学等四种；相应这四种知识，人也具有想象、信念、知性和理性四种心理状态或认识能力。近代以来许多学者都对知性作了不同的表述，比如沃尔夫、康德、黑格尔也都指出了知性思维的特征。概括起来说，知性即是介于感性和理性之间的一种认知能力。感性偏向热情，理性偏向冷静，而知性应该是介于两者中间，偏向智慧。

知性美是一种智慧的美。具有知性美的人拥有比较丰厚的知识底蕴，因此形成了某种具有文化气息的气质和风格，并在言行举止中表现出来，这便是知性气质。知性美也是一种淡定的美、成熟的美，因为知性介于感性和理性的中间，让她们从容有度、挥洒自如。

具有知性美的女性通常在事业上也有很好的发展，因为她们坚韧、耐劳、敬业，富有理想。但又不同于世俗意义的女强人，她们充满知性的柔和魅力，感情丰富，清楚自己需要什么，懂得如何让自己变得更优秀、更有魅力，懂得如何处理好家庭婚姻关系，更懂得如何享受生活。她们独立、自信、高品位，对生活充满希望。

随着社会的不断发展，中国女性对于知性的追求愈加明显，这也是女性在时代的变迁和魅力前沿的最美好的体现。因为当今时代是知识经济时代，知性美在现代女性素质中占有极大的比重，据2006年10月首次中国女性魅力十大关键词调查，“优雅”、“知性”、“健康”3个关键词分别以94.57%、79.49%和72.65%的支持率名列三甲。可见知性气质已深入人心。

富养女孩的知性气质，就是要让她拥有丰富的知识和文化内涵，给她一个足够的发挥空间，让她展现出自己的内在潜能。在这样的氛围中成长起来的女孩子会有自己的主张，清楚自己的方向，并会通过自身的努力，塑造独特的内涵。

那么，父母如何培养女孩的知性气质呢？

## 方法一：

创造一个读书学习的家庭氛围。

可以说知性和阅读有着根本的关系，只有饱读诗书，才能收获思想，收获人生感悟，从而可以从容地观察世界，把握自己。阅读能让女孩变得博学，让她视野开阔，让她了解社会，让她心灵平静。只有丰富的阅读，才能造就知性的气质。

以书为友，可以丰富人的内心；以书为友，会为生活增添无限乐趣；以书为友，人生旅途不会感到寂寞。“书中自有黄金屋”，“书中自有千钟粟”，与书相伴，人生就会有大不同。21 世纪是知识的世纪，这个时代是知识的时代，正如培根所说：“知识就是力量。”而要获得知识，只有靠不断读书、不断学习。

拥有一个读书、学习的家庭环境是让女孩爱上阅读的最重要因素，父母对读书学习的身体力行会为女孩树立良好的榜样。外国学者高柴尔斯基曾针对 700 位在科学、文学、艺术、商业领域的杰出人士做了一个调查研究，他发现这些人的家庭背景有一个共同特点：家中有丰富的藏书，父亲或母亲具有文学艺术方面的兴趣，可见热爱阅读的家庭环境对孩子的影响有多大。

知性美绝不是名人的专利，只要愿意提高自己、“修炼”自己的女孩都可以成为知性女子。父母们，就让自己的女儿从阅读开始吧。

## 方法二：

培养女孩敢作敢为的个性。

知性的女孩绝不是柔弱的女孩，更不是娇滴滴的温室之花。知性美是在生活的各种历练中习得的，因此知性女子大都敢作敢为，顽强坚韧。余秋雨先生在陈鲁豫《心相约》一书的序中说：“摆在她面前的采访目标，拿出任何一个来都会让最有经验的男性记者忙乱一阵，而她却一路悠然地面对难以形容的约旦河西岸、佩雷斯、拉马丹，勇敢激愤地与伊拉克海关吵架，眼泪汪汪地拥抱在战火中失去家园的妇女，企图花钱靠近萨达姆，直到在伊朗一次次与宗教极端主义的行为辩论……她的这些言行，都是个人即兴，绝无事先准备的可能，却总是响亮强烈，如迅雷疾风，让全球华语观众精神一振。”可谓把陈鲁豫知性的特质描述得淋漓尽致。她这样的历练，不是一般女孩所能做到的。

知性美是从内而外的，是需要历练和沉淀的，没有经历不可能有知性的光芒。被称为知性女人代表的杨澜，在央视事业如日中天之时选择了离开，这都是需要不凡的勇气和决断能力的。所以，父母要从小培养女孩敢作敢为的个性。

## 清新气质：干净整洁，仪表优美

我们常常用清新脱俗来形容女孩的姿容和美丽，拥有这种气质的女孩让人感觉纯净自然、气息如兰，这种女孩往往给人一种眼前一亮的感觉。然而这种美，就是一种仪表美，让我们眼前一亮的是女孩的外在气质。

仪表美主要体现在身材、容貌妆容和着装上，身材和容貌个人无法决定，而妆容、着装则是自己完全可以掌握的，首先要做到的就是干净和整洁，这是清新气质的基本要求。

干净整洁的仪表往往反映一个人的精神面貌和内在修养。研究发现，干净整洁的人更容易成功，因为整洁的个人形象不仅受人欢迎，还会让自己充满自信，为成功增添了砝码。对于一个成功者来说，内在的素养和外在的气质都不可缺少。如果一个成功者具有内在精神力量，往往在外表上也会表现得利索、精干、简洁、洒脱。莎士比亚曾说过，千万不要华丽而低俗，因为从衣服往往可以看出一个人。所以，外在的气质也是很重要的。

父母们也都会有这样的感受，不管女孩的相貌如何，如果她干净整洁地出现在大家面前，很快就会博得他人的喜爱，父母也会感到很骄傲；但如果小女孩邋里邋遢，头不梳、脸不洗，甚至身上还有异味地出现在众人面前，即使其他人没说什么，父母也肯定会感觉特别没面子。

如果一个女孩从小养成不爱干净整洁的习惯，无疑是为未来的成功设置障碍。并且，不讲究仪表美的女孩，往往不被他人所接受，无法获得好人缘；不注意干净整洁的女孩，也往往很难拥有优雅的气质。

所以，父母要注重培养女孩讲究干净整洁的好习惯，塑造女孩的清新气质。

### 方法一：

从小培养女孩讲究卫生的习惯。

要让女孩干净整洁，父母首先就要培养她讲究个人卫生的习惯。主要注意以下几个方面：

1. 手的卫生：在日常生活中，人的双手要与各种各样的东西接触，必然会沾染灰尘、污物，以及有害有毒物品，还有微生物、细菌、病毒等等。因此要让女孩养成经常洗手的习惯，饭前便后更应洗手。另外，还要经常剪指甲，防止微生物、细菌躲藏在里面。

2. 皮肤的卫生：由于皮肤不断分泌汗液及皮脂，因此灰尘及微生物、细菌等很容易粘附在皮肤上。如果皮肤不能保持清洁卫生，不但影响皮肤的正常生理功能，还可能引起皮肤病，如疖肿、皮癣、疥疮等。因此要让女孩注意皮肤的清洁，经常洗澡，勤换衣服，晚上要洗脚，女孩还要洗外阴部，除去皮肤上的汗垢、尘污和皮屑等不洁之物，保持皮肤的清洁卫生。

3. 口腔及五官的卫生：口腔是消化道的入口，与呼吸道关系密切，由于温度、湿度、酸碱度以及残留在口腔的食物残渣，均适宜微生物、细菌的生长繁殖，不仅容易损坏牙齿，还能引起其他疾病。要让女孩坚持每天刷牙漱口，养成良好的卫生习惯。而眼、耳、鼻是人的重要感觉器官，也是人体对外开放的通道，也必须注意清洁卫生。

### 方法二：

从小培养女孩保持清洁的习惯。

如果一个人养成处处保持清洁的习惯，那么他就会把自己收拾得干净利落，整个人就会看上去神清气爽。大家都知道，日本的女孩常常给人一种温婉贤淑的感觉，清新可人。而大家却不知道，在日本，父母从小就会培养女孩干净清洁的意识，年纪小的女孩学习如何把自己的玩具归类、放置和清洁；年纪稍大一点的女孩，就得跟着妈妈学习打扫客厅和卧室，久而久之，这种清洁习惯就会养成。

父母应该创造一个女孩乐于整理、能够整理的环境。比如专门给她安排一个角落，用来放置自己的衣服和物品，使她能够把脱下来的衣服、玩过的玩具放回原处。在女孩出入方便的地方，准备一个固定的放衣服、鞋、袜的地方；准备一个大的箱子，用来放不用的玩具；准备一个低层书架或抽屉，用来放书等等，这样有利于女孩保持清洁习惯的形成。

### 方法三：

为女孩制定一些规则。

有些时候，想让女孩养成良好的卫生清洁习惯，父母要为女孩制定一些规则，并且一定要严格执行。比如规定吃饭前一定要洗手，假如女孩找借口不洗，无论怎样父母都要不为所动，一定要坚持规定和原则，当父母把女孩的“耍赖关”、“发脾气关”、“哭闹关”都闯过时，女孩无“招”可使，便会对订立的那些规则深信不疑，从而养成良好的习惯。

## 大方气质：杜绝女孩的小家子气

一位妈妈说，我家女儿今年已经五岁了，平时在家很大方，可是在外面却不够大方。比如碰到陌生人不爱说话，扭扭捏捏；在培训班学习音乐和英语时，很多小朋友都大大方方地按老师说的上台表演，而我家女儿却不愿意上台。回来问她是不是没学会，她说老师讲的她全会，并且在家人面前表演得很好。我该如何改变孩子的这种毛病，让她不论在哪里都能表现得大方起来呢？

在日常生活中，我们经常会发现一些这样的孩子，在家中活泼大方、能说会道，被爸爸、妈妈、爷爷、奶奶称做“小人精”，可一旦到了别人家里或公共场合，却变得局促不安、胆怯怕生，“小人精”变成了“小老鼠”。因此，我们常常可以听到一些父母不解地抱怨：“这孩子，在家里挺能的，怎么出来就变样了?”也常常听到一些父母的无奈：“这孩子说话总是轻声细语的，只有她自己听得见。”“这孩子从不主动发言。”“我的孩子在家是老大，一到外面就蔫了，总是上不了台面。”

然而，不管是抱怨还是无奈，每一位父母还是希望自己的宝贝女儿能够开朗大方，将来能出落成一位大气的女孩，去掉小家子气。只有举止大方，才能得到更多的欢迎和支持，才能赢得更多的喜爱与机会。因为现代社会是一个开放、竞争激烈的社会，相比于内向和害羞的女孩子，一个大气的女孩更能适应不断变化的环境。因此，“富养女孩”，就要让女孩拒绝小家子气。

我们该怎样从小培养女孩的大方气质呢?

### 方法一：

帮助女孩克服羞涩。

所谓小家子气就是人的行为举止不大方。女孩的第一个不大方的表现就是羞怯。因此，杜绝女孩的小家子气，首先就是要让女孩摆脱羞怯。

从心理学角度看，羞怯是一种情绪，是内心深处的胆怯或自卑的一种外在表现形式。每一个人在其一生中可能都有过羞怯的经历，只不过时间长短不同而已。而害羞的孩子大多逃避社交场合，不愿意主动与人交往，这会有碍孩子的学习和自尊心的形成，也降低了心理适应的能力。害羞的孩子通常会神经过敏、疑惑不安、孤单、沮丧及难交朋友。

造成羞怯的主要原因就是不自信，没法肯定自己。所以父母要给女孩足够的鼓励，鼓励能培养她的自信并使她的性格趋于成熟。多关注女孩，注意发现她的闪光点，肯定她的努力，时常让女孩在大人面前表演唱歌、跳舞、背诵等，多用“你可以的”、“你真棒”、“你做得很好”来赞美她，女孩的自信就会慢慢培养起来，从而消除羞涩。

### 方法二：

培养女孩的口语表达能力。

有些孩子在外不大方，常常是因为不能很好地表达自己的心里话所造成的，所以父母要有意识地提高女孩的口语表达能力。流利顺畅的口语表达是孩子大方的基础之一。

要使孩子能够流利自如地和别人进行交谈，就必须先让孩子积累一定的词汇和知识。所以，父母在做事时，尽量在孩子面前多说话，用语言来诠释自己的动作、表情，调动孩子参与对话的积极性，通过对话使孩子的语言表达在无意识中得到培养。同时还可以利用各种有趣的语言游戏来培养女孩的口语表达能力，比如让女孩说说自己的爱好、讲讲最近学校发生的事情、谈一下最喜欢的电视节目等等，这样不仅锻炼了口语表达能力，同时也提高了词汇量，并增强了自信心。

另外，父母要为女孩创造一个良好的语言学习环境。首先父母要提高自身的语言水平，应力求做到语言发音正确、吐字清晰、生动有趣、浅显易懂，并要求说话时面带笑容，柔和亲切，这样才能激发孩子学习语言的积极性，才能让孩子体会到语言表达的快乐。

### 方法三：

增长见识，锻炼胆量。

诸多实践表明，很少接触外界事物以及很少与人交往的孩子，他们往往性格压抑、表达能力差，见到生人就害羞，举止不大方。因此，父母应多带女孩到外面去走走，比如逛商店、游动物园、接触大自然、参加一些有益的社交活动，让孩子在多种场合中学会观察、尝试体验、丰富和充实其经验，开阔她的心胸，锻炼她的胆量。这样，孩子的性格慢慢就会开朗了，随之举止也就大方了。

### 方法四：

鼓励女孩多与同龄人交往，多交朋友。

教育专家说，如果说父母是孩子性格的第一影响者，那么同龄小伙伴则是孩子形成良好性格、学会为人处世的最好的老师。因为，在与自己的同龄人交往中，孩子会全身心放松、无拘无束，容易形成和保持良好的心态。所以，父母要多鼓励女孩与同龄人交往，多交朋友，女孩会在与朋友的交往中学会各种交际技巧，自然会变得大大方方。

## 可爱气质：不要压抑女孩的活泼个性

丁小洛是个活泼可爱的小女孩，今年上小学三年级了，整天一副笑眯眯的样子，好像心里有很多高兴的事情。邻居们见了总是夸奖她："你看这个孩子多可爱啊，每次见她都是笑嘻嘻的，像朵花似的，让我心情都好起来了呢！"老师、同学也很喜欢她，因为在学校里、班级里她都很活跃，团结同学，帮助老师，各种活动她都爱参加。爱说爱笑的她还被老师任命为文艺委员，负责班级的各种文艺活动。在上周的歌咏比赛中，丁小洛带领大家取得年级第一名，班主任在班上大大地表扬了她一番。

不过，小洛的爸爸妈妈却不认为她很可爱很优秀，因为女儿的考试成绩总是在班里排中等，这使一心想让女儿上名校的爸爸妈妈很着急。他们总是数落小洛："你看看你，整天就知道疯玩，考这么一点分，真是让人着急，以后别参加乱七八糟的活动了。"丁小洛觉得很委屈，但是又不能反驳，谁让自己的考试成绩那么差呢！爸爸妈妈要求她吃完饭就要去写作业，她也只能照做；周末的时候，爸爸妈妈要求她在家学习，她就不能跑出去玩，否则肯定会遭到严厉批评。这让小洛很郁闷，在家里常得不到快乐，写作业时心里像长了草一样想跑出去，她痛恨父母，觉得他们真是讨厌，干吗这么管制自己！

可能很多女孩会遇到跟丁小洛一样的事情，自己明明个性活泼，硬是被爸爸妈妈逼着做死板僵硬的事，压抑着自己个性的发展，去圆父母的"成凤"梦。其实，父母的这种教育理念是错误的。督促女儿学习、让她考出好成绩是人之常情，无可厚非，但如果不注重女儿的个性，强迫活泼可爱的女儿变得乖顺文静，这是对孩子成长的伤害。

每个女孩都是一朵花，有各自的颜色和芳香，可爱也是一种很好的个性，它所传达的是另一种气质和美丽。所以，作为父母不应压抑女孩的活泼个性。

活泼开朗的性格能使女孩保持愉快的情绪、健康的心理，有利于女孩想象力与创造力的发展，能使她更容易得到同伴和社会的欢迎，就像上文中的丁小洛。而且活泼开朗更能使女孩的生活充满欢乐和情趣，使她能较好地对待遇到的挫折和烦恼，拥有较强的心理承受能力，在任何环境中都能开开心心。

大方活泼、能言敢为的女孩人见人爱，她们具有高度的主动性和积极性，思维活跃，勇于探索，能够通过自己的活动获得新知识、新信息；她们有较强的适应性，对周围的事物能够保持一种乐观的态度，对人非常热情，而且乐于与别人交往。这都为她将来的成功奠定了坚实的基础，即便她现在还没有骄人的成绩，但不会影响她将来的成功。

倒是有不少女孩胆小怯懦，比如举止腼腆，说话声音小，没有同龄孩子那种爱动、贪玩、好奇的特点，这才是父母应该担忧的。做父母的都希望自己的孩子将来步入成功之道，那么我们就要注意，不但不能压抑孩子的活泼个性，还应该从小培养孩子活泼可爱的性格。

那么，怎样培养女孩活泼开朗的性格呢？

### 方法一：

给女孩一个健康的身体。

读过《红楼梦》的人都知道，林黛玉是一个爱流眼泪的姑娘，性格沉郁，情绪易激动，她的身体很弱，需要不断调养，常年药物不断。其实，这就是典型的因身体的不健康导致的性格不健康。日常生活中，我们不难发现，孩子在健康的时候情绪通常是非常好的，而如果生病了，情绪就会变差，学习和生活都会受到影响。是的，健康的体魄是精神饱满的基础，而健康的体魄更是与活泼开朗的性格密切相关。所以，要想让孩子有活泼开朗的性格，就要重视孩子的身体健康。父母要让女孩有好的营养、充足的睡眠、足够的运动，这样，女孩的身体健康了，自然会更加活泼开朗。

### 方法二：

营造快乐和谐的家庭氛围。

女孩性格的形成和她所处的环境有着密切关系。比如在宽松和睦、民主平等的家庭中长大的女孩，其性格多表现为亲切、独立、直率、活泼、大方、开朗，有协作精神、有活动的能力，而且善于和同伴相处；而在一个过分严厉、专制的家庭中长大的女孩，多半性格是不稳定的，多疑、多虑、缺乏判断力。所以，良好的家庭氛围是女孩活泼开朗性格形成的土壤。父母不能盲目地按照自己的意愿去安排孩子的生活，要保留孩子对合理要求的选择权，把孩子看做是平等的人。孩子在这样的环境中心情轻松愉快，言行无拘无束，有什么想法都敢于、乐于和家长交流，容易形成活泼开朗的性格。

### 方法三：

教会女孩摆脱不良情绪。

活泼开朗的人也有情绪低落的时候，不过他们与其他人不一样的是，他们能很快地恢复情绪。所以，父母要教会女孩善于摆脱不良情绪。比如告诉女孩心情不好的时候可以出去活动，转移注意力，以调整自己的情绪。同时，也要多鼓励女孩自己去克服困难。每个人都有对付情绪不佳的办法，父母要多多引导女孩听音乐、看书、骑车、与朋友交谈等。

### 方法四：

培养女孩广泛的兴趣。

快乐的人大都能过一种平衡的生活，因为他们的快乐来自各方面，生活中有一方面不快乐，他们会从另一方面找到快乐。孩子的快乐也是一样，假如一个孩子只喜欢看电视，那么如果某天晚上不能看电视，他就会闷闷不乐；而如果他的兴趣广泛，看不成电视他就会改为看书或做游戏，自得其乐。要培养女孩活泼开朗的性格，不能不培养女孩广泛的兴趣，比如阅读、画画、听音乐、做手工等等。这些兴趣会让女孩每天处于快乐之中，要想她不开朗简直就不可能。

## 阳光气质：自信乐观让女孩阳光无限

一位妈妈很欣慰地在自己的日记里写道：

女儿阳阳今年十岁了，正上小学四年级，她最大的特点就是乐观、自信，不仅亲戚朋友和老师夸奖她，我自己也常常为女儿拥有阳光的心态而骄傲。我觉得我们的教育是成功的，阳阳没有辜负我们对她的期望。在她还没有出生的时候，我们就希望她将来有一个阳光的性格，所以我跟她爸爸为她取了小名阳阳。

我们知道，任何一个孩子都有天赋和潜能，对世界充满了好奇，但在孩子的成长过程中，由于受父母教育观念和家庭环境的影响，孩子的天赋和潜能将会得到不同程度的开发，也将会形成不同的性格。而无论什么样性格的孩子，父母都希望她乐观、自信，因为乐观和自信是一个人健康成长、学习进步、生活幸福、事业成功的源泉。因此我们非常注重对女儿阳光性格的培养。

在女儿成长的过程中，我们理解孩子生长发育过程中存在差异性，耐心等待孩子弱项的突破，培养孩子敢于挑战的自信，不打骂，不催促。我们引导孩子用积极乐观的心态对待家长、老师的批评，塑造阳光心态。及时给予她鼓励、表扬与喝彩，因为我们知道表扬是孩子成长的阳光，能让孩子的自信心增强。同时，我们让孩子充分享受成长的权力，放手培养孩子的自理能力：自己吃饭、自己穿衣、自己收拾书包、自己整理书桌、自己问路、自己选择文具……尽情给孩子施展能力的机会。我们还为她提供丰富多彩的成长环境，带她参加一些有意义的社会活动，如参加夏令营、出去旅游等等，让她增长了见识，开阔了视野。我们从来不要求孩子多么优秀，我们只希望她能够快乐成长。

如今，乐观、自信的根已经植入女儿的潜意识。每天早晨起床后，她都会说："快乐的一天又开始了，我是最棒的，我是今天的明星，爸爸妈妈都很喜欢我，老师同学都很喜欢我，每一天的每一件事我都会做得越来越好。"看着孩子脸上整天洋溢着幸福的笑容，享受着自由快乐的童年，尤其是她乐观开朗的为人处世，都让我们感到由衷的高兴。我们深切地知道乐观自信既是一种健康的心理状态，也是一种良好的性格品质，是孩子锦绣前程的铺垫。

这位妈妈写得很好，教子也很成功，她培养了一个这样的女儿，让很多父母都羡慕不已。让女儿拥有阳光的性格和心态，赋予女孩阳光的气质，是每一位父母都希望做到的事情。

华盛顿曾说过："一切的和谐与平衡、健康与健美、成功与幸福，都是由乐观与希望的向上心理产生与造成的。"调查也显示，乐观自信的人不仅较为健康（如癌症罹患率明显低于悲观抑郁者），而且婚姻生活较为幸福，事业上也较易获得成功。特别是现代社会，生活节奏日益加快，社会竞争越来越激烈，来自各方面的压力也越来越大，没有良好的心态是很难应对的。而拥有阳光心态的孩子，也是父母们都希望得到的。

阳光孩子开朗乐观、富有爱心、充满活力，就像一束阳光，明媚而快乐，他走到哪里，就会把快乐带到哪里。阳光孩子由于不断积聚正面的能量，他的魅力是由内而发的，所以表现得与众不同。

阳光孩子有独立的意志和主见，所以他能主动去影响周围的环境和人，而外界不良信息和他人的看法对他的干扰却不大。阳光孩子对自己充满了信心，能较为客观地看待自己和他人，不会妄自菲薄，也不会盲目自大。

阳光孩子精力充沛、活力四射、生机勃发，就像蒸蒸日上的太阳，孕育着生命力和希望。

阳光孩子有良好的适应能力，能适应和应付各种各样的环境。他能与周围的人形成和谐的人际关系，因而广受欢迎，处处能得到外援。

阳光孩子并不是没有烦恼，但他已将乐观融入自己的性格，所以他的恢复能力很强，能很快从烦恼中摆脱出来，并且不会为烦恼所伤。

阳光孩子更容易成功，因为他驾驶着一辆最优质的车，经历最小的障碍，所以能更快地抵达成功的目的地，而且成功了他会更快乐。

……

我们该怎样培养女孩的阳光气质呢？

### 方法一：

让女孩认识自我，做好自己。

让孩子正确认识自我，是提高其自信心的基础。只有了解了自己的长处和短处，知道自己擅长做什么，然后才能在某一方面发展自己，使其成为超越别人的特长；知道自己的短处，然后才能取长补短，不会因为自己的短处产生自卑。认识自我也是自我发展、自我教育的前提，父母要告诉女孩每个人都应树立明天比今天更美好的目标，无论是在学习还是生活上，做最好的自己。另外，父母要引导女孩有一颗平常心，制定的学习目标要从自己原有的水平出发，自己跟自己比，自己只要在不断进步，就是优秀。父母可以多创造一些机会让女孩体验成功，增加她的快乐和自信。

### 方法二：

给女孩选择的自由。

只有从小能享受选择权的孩子，才能感到真正意义上的快乐和自在。但现实中有许多孩子却没有这种感觉，因为他们对一切事情都没有做主的份儿，比如晚餐吃什么、买什么书籍均由大人决定。所以他们并不会像成人认为的那样愉快。父母要给女孩一定的自由选择权，比如穿什么衣服、买什么书籍，都可以根据孩子的喜好而定。只有这样，孩子才能感觉到自己有把握自己的能力，才会自信和快乐，从而形成阳光的性格。

### 方法三：

鼓励女孩坦然地对待生活。

女孩在成长的过程中，总会遇到各种各样的问题和解不开的心结，父母要跟女孩多交流，时时关注她的心理状况，及时发现问题，诱导她解决问题，这是培养孩子阳光性格的积极手段。比如在遇到一些学习的问题时，多鼓励女孩动笔、动脑、动手，自己做一做、想一想，启发她从不同的角度思考，用不同的策略解决问题。在此基础上再建议她和其他同学交流，这样让女孩在合作交流活动中不仅体验到个人的智慧有限，需要向别人学习，而且能感受到互动分享的快乐。还可以引导女孩把学习中的一些东西迁移到日常生活中去，保持一种积极向上、乐观开朗的心态，坦然地对待生活，少些抱怨和牢骚，善待自己、善待生活。

### 方法四：

让女孩爱上运动。

如果一个女孩爱运动，那么她浑身上下肯定散发着阳光的味道。我们可以想象一下，一个女孩穿着一身运动装，活力四射，朝气蓬勃，满脸笑容地出现在你面前，你会有什么感觉？除了“阳光”这个词，你还有更好的形容词吗？培养女孩的阳光气质，引导她热爱运动是一种必要的方法。

日常生活中，父母可以给女孩讲名人锻炼的逸闻，与女孩一起观看体育比赛，与女孩一起跑步、打球、做操等，这些都是促进女孩热爱运动的有效途径。还可以把体育锻炼同游戏娱乐结合起来，如教女孩一边唱儿歌，一边跳橡皮筋；郊游时，和女孩比赛看谁最先到达目的地；在优美乐曲的伴奏下运动等等。这些锻炼方式会使女孩满心喜悦，充满激情，整个身心都得到发展。父母还可以帮女孩制订一些锻炼计划，比如每天下午放学后打羽毛球、双休日爬山等。

## 亲和气质：不做孤傲的小公主

莉莉12岁了，正在读小学六年级。她学习成绩很好，性格外向、开朗，思维比较活跃，并且长得也很漂亮，做事情认真负责，是老师眼里难得的好学生。

然而，她在同学眼中则是另外一个样子：盛气凌人、自以为是、嫉妒心强、冷傲。所以大家都在私下里叫她“孤傲的公主”、“冰美人”，都不喜欢接近她，更不喜欢跟她做朋友。特别是最近大家都在忙着升初中的事情，更没有几个人理她了，即便她是班长，大家也不买她的账。

为什么会这样呢？原来，莉莉认为人与人之间无信任可言，大家都是为自己考虑，所以她对人缺乏真诚的态度。因此，好成绩也不能给她带来好人缘。

其实即便在家里，莉莉与家人说话也是咄咄逼人，总是摆出一副吵架的气势，难以心平气和地与家人交流。

莉莉心里很难过，她认为自己是不受欢迎的人，虽然她很想交知心朋友，但同学们对她都敬而远之。她的班级工作也常因同学的不合作而无法进行，这让她很沮丧，不知道该怎么办才好。

可以说，莉莉是个典型的没有亲和力的女孩，所以她被大家排斥。而被排斥是一种痛苦的经历，久而久之会形成心理上的孤独与寂寞。因为缺乏与同龄人的交流和沟通，不合群的女孩常常有着更多的困惑和迷茫。她们往往不懂得理解和尊重别人，不知道宽容和谦让，有的甚至不会应酬平常的人际往来，这就容易形成对社会和自己的不合理看法，产生自负或自卑心理，或者患得患失，情绪波动比较大，不仅给自己带来许多麻烦，还可能会造成社会适应困难。

在孩子社会化教育方面，亲和力的培养是不可缺少的。在生活、工作中，我们都会喜欢有礼貌、说话和善的人，由于他们具有亲和力，能给人带来愉悦的感觉。这样的孩子长大了也会比较快地适应社会，在哪儿都能立足做个有用的人，还会赢得大家的喜爱，会得到更多的鼓励和信任。

一个人的亲和力不是天生就有的，而是在后天的锻炼中获得的。在西方素质教育中，孩子的父母及教育人士就很注重从小培养孩子的“社会亲和力”。孩子的个体社会化发展贯穿于孩子成长的整个过程，而社会亲和力则是一种极其良好的品质，也是孩子成长的一个重要指标。

“社会亲和力”是心理学中的一个术语，是指人们在共同的社会生

活中表现出来的谦让、互助、协作和共享等有益的品格与行为。孩子只有经过逐渐地接受教育，才能真正获得社会亲和力。

有句话叫：“力在则聚，力亡则散。”所以亲和力也在近几年的管理界掀起了风波，成为一个十分流行且实用的专业技能。它是一种能让周围的人感觉你很和蔼可亲，没有受到职位、权威的约束所流露出的一种真挚的情感力量。具有亲和力的人在保持自己身心愉快的同时，让周围的人也感到愉快，使他们愿意、喜欢与自己一起工作。

具有亲和力的女孩，将会赢得更多的机会和支持。交谈时，别人情感的大门会主动向她敞开；劝说时，别人心中的疙瘩会自动解开；求助时，别人热情的双手会真诚向她伸出……可以说，益处多多。

那么，我们该怎样培养女孩的亲和力呢？

### 方法一：

引导女孩克服以自我为中心的想法。

现在的孩子大多是独生子女，本来以自我为中心的行为就很严重，而且有的父母在教育孩子时还不自觉地加重了他们的这些行为。比如告诉女孩：“你到了幼儿园，吃饭时要拣你喜欢的菜吃，要不然就会被其他小朋友吃光的，知道吗？”试想，在这样的教育下，女孩怎么会想到他人呢？又怎么可能培养出集体观念呢？心中无他人，没有集体观念，怎么可能会有亲和力而受到大家的欢迎呢？

所以，父母应该以自身的言行为榜样，让女孩懂得社会是个大课堂，个人的行为应该符合社会的准则，不能总是以自我为中心，应该把自己视为群体中的普通一员。

### 方法二：

对女孩进行移情训练法。

通俗地说，移情就是设身处地为他人着想，理解他人的感情并产生共鸣。移情训练，就是要培养孩子善于体察别人的情绪，理解别人的情感，从而与之产生共鸣。当孩子理解了别人，懂得尊重别人，自然会得到别人的认可。平时在生活中，父母要有意识地让孩子设身处地、将心比心地体会别人的情感，这样才可以引导孩子用自己的实际行动来关心别人，发展自己的亲和行为。

研究发现，一个人在婴儿时期就具有辨别脸色的能力了。所以父母也要教会女孩察言观色，多站在别人的立场上去考虑别人的感受，做到换位思考，能设身处地地为别人着想。这样慢慢地锻炼，女孩就会具有观察和感受别人的情绪、情感体验的能力，这种能力能为她带来积极的行为变化，孩子逐渐懂得有利于别人的事就去做、不利于别人的事就不去做，亲和气质自然而成。

### 方法三：

父母要以身作则。

培养女孩的亲和气质，父母要以身作则。对待孩子要温和耐心，不要说不文明的话语，在孩子面前特别要注意自己的言行，给孩子创造一个文明的语言环境。引导女孩在与人交往中，多使用文明语言，见面主动问候，比如“你好”、“见到你很高兴”之类的话语，虽然只是只言片语，但它是通向与别人深入交谈的一座桥梁，同时它也是向别人主动示好的一种方式——向别人示好，别人自然会觉得你很亲切，谁不愿意与亲切的人交谈呢？

### 方法四：

让女孩学会微笑。

微笑，特别是女性的微笑，是世界上最美丽的一道风景线，是最动听的无声语言，更是女性社交中最有力的武器。蒙娜丽莎的微笑流传了几百年，征服了不知多少人。微笑具有挡不住的魅力，微笑更是智慧的体现，微笑能很快缩短与他人间的距离，因为它传达出的是善意、愉悦，能给人春风般的温暖。微笑，更是亲和力的最大标志。

所以，父母要教会女孩微笑，对家人微笑，对老师同学微笑，对亲戚朋友微笑，甚至对陌生人友好微笑，这能为女孩的亲和力大大加分。

# 富养美德

## ——秀外慧中、温润如玉

### 让善良为女孩的美丽加分

青青今年8岁，能歌善舞，学习成绩也不错，在家里是爸爸妈妈的心肝宝贝。昨天，在放学回家的路上，路过人民广场时，一个穿着破烂不堪、身上全是污垢的流浪汉，把手里的钵子伸到青青面前，谁知青青边摆手边吼叫：“我没有钱，你离我远点，别弄脏了我的衣服。”流浪汉见青青这样，便离开了，谁知青青对着他的背影狠狠地吐了口唾沫说：“臭要饭的，脏死了，我就是有钱也不会给你的。”

朵朵是一名6岁的小女孩，在家人的眼里，她就像一朵娇美的鲜花。但是这朵娇美的鲜花，却有点残忍。前天妈妈下班回来的时候，看见小区里一群小孩子在向一只流浪猫扔石头，他们以拿石头砸小猫为乐趣。密集的石头让小猫无处可逃，它一脸无辜地看着这群哈哈大笑的孩

子。正准备转身离开的时候，妈妈发现朵朵也混在这群孩子里面。妈妈当时就十分生气，这孩子同情心去哪里了，这么残忍。于是妈妈表情十分严肃地将朵朵带回家，然后给她上了一堂关于善良的教育课。

善良是一种高尚的品质，是一种良好的社会风气。但是，不知何时，我们发现身边的孩子变得冷漠起来，她们不再在乎小猫小狗是不是受伤了，她们不再在乎在寒冷的天气里流浪者是不是无家可归，她们不再在乎受伤的小鸟是不是渴望获得救治。

善良是人的真性的表现。可是，我们发现现在孩子最纯真的善良之心正在被渐渐抹杀。很多父母对孩子的智力发展和身体健康十分重视，却很少重视对孩子道德品质的培养，极少考虑如何教孩子学会同情、关心和帮助他人。尽管他们给孩子提供优越的物质条件，对孩子关心备至，但是这样培养出来的孩子却缺少善良的情感，她们只知道享受父母、长辈的关爱，却从不知道关爱自己的父母、长辈。她们自私、冷漠、懒惰、怕吃苦，不懂得付出。这样的孩子长大后人格将是不健全的。

苏霍姆林斯基曾说：“善良的情感是良好行为的肥沃土壤。”所以说，父母不能忽视对孩子进行善良教育，从小培养孩子善良的情感是对孩子强化品德教育的重要一环。人们常说，“人之初，性本善”，也就是说，孩子的天性原本是善良的。教育专家通过研究得知，如果父母能在孩子小的时候，通过正确的教育方式，延续她的这种善良天性，她就会成长为一个善良、富有同情心、孝顺父母的人；而如果孩子这种善良的天性在后天得不到很好的培养，那么她的爱心就会逐渐消失，成长为一个缺乏责任感、事事以自我为中心的人。



美国著名作家亨利·詹姆斯的侄子问他，人的一生应该做什么时，詹姆斯回答说："人生有三样东西是最重要的，第一是要善良；第二是要善良；第三还是要善良。"父母应该从小就培养孩子善良的情感。只有善良的女孩才是最可爱的、最美丽的，只有懂得真善美的女孩，她们的人生才是美丽的。善良教育可以更好地培养女孩的优良品质，有利于她们的健康成长和成才。

那么，父母应该如何在后天的教育中培养女孩的善良品质呢？

### 方法一：

教育女孩爱自己的父母和家人。

亲情是一切感情的基石，如果一个女孩连自己的父母都不爱，那么何谈爱他人、爱集体、爱祖国呢？所以说，在日常生活中，我们应该教导女孩要爱自己的父母，不要只顾着享受父母的关爱，而要帮助父母做些力所能及的家务活，减轻他们的负担；对待父母要有礼貌，要尊重他们，珍惜他们的劳动成果。父母是最亲近的人，也是最关心我们的人，一定不要伤害他们，尤其不要伤他们的心。

### 方法二：

时常带女孩去看看那些需要帮助的人。

父母有时间可以带女孩去社会福利院、敬老院、孤儿院以及一些孤寡老人的家看一看，他们都是需要帮助的人，需要关怀的人。父母可以鼓励女孩在周末或者节假日去陪他们聊聊天，去帮助他们做一些力所能及的事情。虽然都是一些小事情，但是在关爱他人中却能培养孩子的善良的品质，也会让孩子觉得自己很快乐，很充实。

### 方法三：

赏识女孩善良的举动。

当女孩帮助了别人或者她在做什么事情的时候替别人着想，就要及时地对她进行表扬和鼓励。而女孩因为自己做的事情得到了肯定，她还会继续这样做，并且一直会这样做。当女孩对他人的表现可能不是那么友好和善良的时候，就要及时地给她指出来。然而指出孩子错误的方式有多种，一定要选择孩子最乐意接受的那种方式，不要责怪和打骂她们，这样孩子才会乐意接受并且及时改正自己的错误。

## 方法四：

培养女孩的宽容之心。

一个懂得宽容的女孩必是善良的，因此父母要培养女孩的宽容之心。女孩在学校和同学们一起学习、玩耍，必然会产生矛盾和纠纷，有时候甚至会动手。这时候，父母就要让孩子以宽容的心来看待这一切，而不是教育孩子，别人打了你，你就要还回去，这样才不吃亏。有时候让孩子吃点亏，孩子却收获了善良，这种品质是用金钱换不来的，父母何乐而不为呢？一个有宽容之心的孩子，尽管有时会吃点小亏，但是她会更快乐、更善良，以后走上社会也会受到人们的欢迎和喜爱，从而为她自己赢得更多的成功的机会和机遇。

## 方法五：

教导女孩要爱护小动物和爱护自然环境。

研究表明，很多家里饲养宠物的孩子，在日常生活中表现出更多的细心和爱心。女孩小的时候，都比较喜欢小动物，这时候父母不要反对她们饲养小动物，不要觉得那样很脏，要支持她们的这种行为，可以帮她们买来小鸡、小猫、小狗、小金鱼等，和她们一起饲养，在照顾小动物的过程中，也能培养女孩的善心和爱心。除此之外，还要教育女孩爱护自然环境，出去游玩的时候不要乱扔垃圾，看见别人扔掉的垃圾要主动捡起来，这样做也是为保护我们的大自然贡献自己的一份力量。

## 培养宽容心，拒绝小心眼

萌萌今年上小学五年级，活泼可爱。每天晚上放学回家，萌萌都是活蹦乱跳的，但是今天，萌萌回家后很反常，一句话没有说，就坐在沙发上生闷气。妈妈一看女儿这副表情，就知道她遇到不开心的事情了。于是，妈妈走过去坐在萌萌的身边，问她："萌萌，我的小公主，你今天怎么了？是不是遇到什么不开心的事情了，给妈妈说说好不好？""今天上美术课的时候，我好不容易画好了一幅画，结果丽丽把她的颜料溅在我的画上，我的画都被弄脏了，那可是我辛辛苦苦画好、准备交给老师的。所以我很生气，让她赔给我，她不仅不赔给我，还和我吵架。我以后不会和她说话了。她太坏了！"说完，萌萌委屈地哭了起来。听完萌萌的话，妈妈边给萌萌擦眼泪边说："快别哭了，妈妈问你，丽丽是不是故意把颜料洒在你画上的啊？""不是，是她不小心碰倒颜料，然后颜料就溅出来了。""对啊，那就是说她不是故意的。你想啊，当时丽丽的颜料洒了，她本来就很难过，可你不仅没有安慰她，还因为她的颜料溅在了你的画上和她吵架，她当然很伤心、很生气。你想想要是你自己碰到这种情况，是不是心情也不好啊？"萌萌想了想，点点头。妈妈见萌萌想明白了，于是说："所以说，你应该给丽丽打个电话道歉。至于你的画，那就再画一幅交给老师好不好？""嗯，妈妈，我知道我错了，我这就给丽丽打电话去。"听到萌萌这样说，妈妈放心地笑了。

通过这件事情，萌萌的妈妈耐心地给萌萌上了一堂关于宽容心的课，让萌萌明白了，不管遇到什么事情要站在他人的角度来考虑一下，这样就能够感同身受了。

宽容是一种美德，是一种品质，也是一种做人的艺术和人生境界。很多时候，宽容了别人就等于宽容了自己。孩子的宽容心是一种非常珍贵的情感，主要表现为对别人过错的原谅。

但是，在生活中我们却经常看见一些孩子缺乏宽容的精神，别人不小心打了自己一下，一定要还回去；别人有一点对不起自己的地方，就一定要变本加厉地还回去。为什么会这样呢？那是因为现在大多数家庭都是一个孩子，“小公主”从小就“集万千宠爱于一身”。爷爷奶奶、爸爸妈妈都把孩子看做宝贝，生怕孩子受一点委屈、受一点苦，这就滋长了她们任性、固执、以自我为中心、目中无人的性格，在与同学和朋友相处的时候，她们常常会因为一点小事而斤斤计较，有时候甚至大动干戈，大打出手，很难宽容别人。据统计，在中小学生日常的违纪违规事件中，有80%的冲突皆是由鸡毛蒜皮的小事引起的，这也暴露了孩子宽容之心的缺失。

法国作家雨果有过一段很恰当的比喻：“世界上最宽阔的是海洋，比海洋更宽阔的是天空，比天空更宽阔的是人的心灵。”是的，宽阔的心灵能包容万物。富有宽容心的孩子往往心地善良、性情温和、招人喜爱，而缺乏宽容心的孩子则不易让人亲近。如果一个孩子能够大方地原谅别人的过失，这对于孩子个性的健康发展，尤其是情感的健康发展，以及良好人际关系的建立有着非常重要的意义。而缺乏宽容心的孩子，往往性情怪诞，易走极端，不易与人亲近，因而人际关系往往不好，在社会上难以立足，更谈不上大有作为。宽容会让孩子减少仇恨、暴力和偏执，同时还会影响孩子以善良、尊重和理解来对待别人。

所以说，不管是家庭教育还是学校教育都应该培养女孩的宽容之心，让她们拒绝小心眼。

那么，父母应该怎么做呢？

### 方法一：

教女孩学会接纳他人，接纳人的不完美。

所谓“金无足赤，人无完人”，每个人都有自己的优点和缺点。父母要教导女孩在和他人相处的时候，不要苛求完美，要学会欣赏他人的优点，接纳他人的缺点，要学会原谅他人的过失。每个人都有自己的脾气性格，在同学和朋友心情不好的时候说的话，没有必要那么计较，要学会宽容、学会理解他人，这样也让自己比较容易获得好心情。当然父母还要告诉孩子一点：宽容别人的过失，并不是针对所有的人，对待坏人是不能宽容的。

### 方法二：

教女孩学会换位思考。

所谓换位思考就是指当双方产生矛盾时能够站在对方的角度上考虑问题，思考对方为什么会这样行为处世。这样的话会让自己感同身受，从而减少很多不必要的矛盾。现在，每个女孩都是“小公主”，是父母的掌上明珠，这就使得父母对她们过于溺爱，过于娇惯，导致的直接后果就是她们比较自私，不管遇到什么事情，都会站在自己的角度来考虑得失，这就使她们很不快乐。有时候，可以教孩子换一种角度，站在别人的立场来考虑问题，这样就比较容易原谅别人的错误，而自己因为理解也能变得比较平和，有助于解决问题。

### 方法三：

多带女孩去亲近大自然，多给她们讲一些宽容的故事。

大自然就像一本百科全书，里面的内容丰富无比，多带孩子去亲近大自然，可以使得孩子心情愉悦，性格开朗，也能促使她们产生宽容之心，开阔她们的视野和胸襟。讲故事也是教育孩子的一个重要的手段，在古今中外的历史上，有很多体现人们宽容品质的故事，父母可以多给孩子讲讲这些小故事，让她们从中得到启发。

## 讲诚信的女孩值得信赖

周五的晚上，妈妈告诉娇娇，爸爸明天带全家一起去泡温泉。娇娇一直都想泡温泉，但是听完妈妈的话，娇娇却说："妈妈，要不，明天你和爸爸去吧，我不去了。""为什么啊？你不是早就吵着要去泡温泉了吗，明天你爸爸好不容易抽出点时间带我们去。"妈妈吃惊地问。"因为我今天答应佳佳了，明天要陪她一起去逛街。""逛街什么时候都可以去，你可以和她再约啊。""可是，妈妈，我已经先答应她了，要是我说不去了，佳佳会很失望的。我不想让她失望，而且我不讲诚信，也会内疚的。"娇娇迟疑地说。听见母女俩的对话，娇娇的爸爸说："我们不是一直教导娇娇要做一个诚信的人，她这样做是对的。至于泡温泉，我们就改在下周吧，也不急这一会儿。"听完爸爸的话，娇娇如释重负地说："爸爸，还是你理解我，我爱死你了。""你就爱拍你爸爸的马屁。"妈妈笑着说。第二天，娇娇陪着佳佳一起逛街，尽管走得有些累，还牺牲了自己去泡温泉的机会，但是娇娇却觉得十分开心，因为她觉得自己遵守了和佳佳之间的约定，能做一个诚信的人，这比去泡温泉舒服多了。

娇娇尽管只是一名女孩，但是她却遵守了约定，使自己做到了诚信，所以她很快乐，也很自豪。那么，诚信到底是什么呢？诚信，即诚实、守信，它是一种个人修养，也是一种道德行为。它既是一个人的立身之本，也是一个集体、民族、国家的生存之基。只有诚信的人，才能心智清明，择善而从。

孩子诚信品质发展的因素主要有家庭、学校和社会三个方面。其中影响最大、持续时间最长的当属家庭教育。家庭是社会的细胞，是孩子生活的第一环境，是孩子生活和接受教育的第一个课堂，孩子诚信行为的最初经验也是在与父母的交往过程中形成的。

但在家庭教育中，我们经常会看到父母有这样的情况：明明答应孩子周末要带她出去玩，结果到了周末却说自己要加班，根本不去理会和孩子的约定；孩子和朋友一起出去玩，回到家里对她刨根问底；孩子在自己的房间里学习，父母却不放心，每隔五分钟就要去查一次，生怕她在玩。首先，父母的不诚信行为，会让孩子在潜移默化中也变得不诚信；其次，父母对孩子刨根问底，会让她很反感，有时候甚至会用谎言来对抗，这样就更加滋长了孩子的不诚信。

有句话是这样说的："诚信是道路，随着开拓者的脚步延伸；诚信是智慧，随着博学者的求索积累；诚信是成功，随着奋进者的拼搏临近；诚信是财富的种子，只要你诚心种下，就能找到打开金库的钥匙。"诚信还是做人的根本，如果这个社会人人都不讲诚信，都通过撒谎来欺骗他人，那么这个社会中的很多规则就难以实行，整个社会的生产秩序也会遭到破坏。

所以说，父母应该重视对女孩诚信品质的培养，对女孩的诚信要求要始终如一。只有讲诚信的女孩才是最值得人们信赖的。

那么，父母应该怎样培养女孩诚信的品质呢？

## 方法一：

父母的榜样示范作用。

父母要通过自己的言行来告诉孩子什么是诚信，让孩子明白诚信对一个人成长的意义。父母在和孩子交往的过程中，不要随意许诺。在向

孩子许诺之前一定要三思，不能言而无信，答应孩子的事情一定是自己能做到的。如果没有实现自己的诺言，应该及时地向孩子解释、向她道歉，事后一定要抽时间补上。如果父母对孩子说话总是不算数，必然会降低自己在孩子心目中的地位，失去孩子的信任，更严重的是孩子也会从父母那里学会不诚信。所以说，父母一定要对自己的孩子讲究诚信，那样会让孩子在不知不觉中也形成诚信的品质。

### 方法二：

满足女孩合理的愿望和要求。

对孩子合理的愿望和要求，父母应该给予满足。比如说女孩想要一盒彩笔，想买一本童话书，想要一个布娃娃，这些都是在家庭力所能及的范围内的，是合理的，父母就要及时地满足孩子。如果孩子的合理要求，父母总是忘记或者是故意不去理会，那么，孩子就有可能把别人的东西偷偷地拿回来据为己有，时间久了，孩子就会养成小偷小摸的习惯，那样是不利于孩子成长的。所以说，父母一定要多花些心思在孩子身上，对于她们想要的，能满足的就要给予及时地满足，不能满足的，一定要和孩子说明原因，可能是家庭的经济状况不允许，也可能是安全因素，只要父母认真地和孩子解释，她们也是能够理解的。

### 方法三：

及时批评和表扬是诚信教育有效实施的保障。

对孩子要采取正确的教育方式，当面对孩子的不诚信的行为时，不可盲目地批评，首先要让自己冷静下来，听孩子说明想法，然后再对症下药。父母一定要态度温和，不可急躁、粗暴地打骂孩子，不能伤害孩子的自尊心。粗暴地打骂和体罚，只会让孩子为了躲避打骂而说谎。当孩子表现出诚信的行为的时候，一定要及时地对孩子进行适当的表扬，这样会让孩子强化自己的诚信品质，对培养孩子良好的品德有着十分重要的作用。

**方法四：**

鼓励女孩与他人诚实相处。

父母要通过身边的一些实例和故事对女孩进行诚信教育。比如说，针对自己身边发生的或者是电视上看到的一些坑蒙拐骗的行为要进行批判，要让孩子明白，不诚信的人是不会受到人们的欢迎的，并且他们的行为还有可能会受到法律的制裁。还可以给孩子讲一些名人的诚信故事。在孩子和朋友相处的过程中，教育他们要诚信，答应朋友的事情一定要做到，要遵守和朋友的约定，那样才会赢得朋友的尊重和信任。

## 有责任心的女孩更优秀

甜甜是一名小学六年级的孩子，人如其名，笑起来甜甜的，是个十分可爱的小姑娘。上周三晚上，奶奶忘了帮助甜甜收拾书包，结果第二天去了学校，甜甜才发现自己没有带课本，只好打电话让妈妈给她送。晚上放学回家，妈妈批评了甜甜，谁知甜甜却说："谁让奶奶昨天不帮我收拾书包的，要是她帮我收拾书包，我就不会忘记带课本了，都怪奶奶，又不是我的错。"听甜甜这样说，妈妈十分吃惊，这孩子不知从什么时候起，自己犯了错误，不是在别人身上找原因，就是找一些客观原因，却从来不找自己的原因，这是典型的不负责任的表现，以后不能让她这样了，再可爱的孩子没一点责任心也不会可爱，因此，必须培养她的责任心。

责任心是指个人对自己和他人、对家庭和集体、对国家和社会所负责任的认识、情感和信念，以及与之相应的遵守规范和履行义务的自觉态度。责任心是一种习惯性行为，也是一种很重要的素质，是做一个优秀的人所必需的。但是，不管是在家庭生活中还是在学校生活中，我们会发现不少像甜甜那样的缺乏责任心的女孩。她们不会关心人，比较自私，自己的东西别人不能动，看到好的物品要据为己有；说话、做事都是以“我”为中心，但凡遇到要牺牲个人利益或者是遇到危险的时候一概采取回避的态度；她们自己做错事情的时候，总是喜欢找借口，把错误或者责任推给他人。

其实，责任心都是后天形成的，孩子的责任心差，是因为父母的教育方式出了问题。现在大多数家庭都是一个孩子，父母望女成凤心切，一心想让孩子成才，他们花了很多的时间来培养孩子的智力因素，因为在他们看来学习好就意味着能成才，而忽略了对孩子责任感的培养。他们为了保障孩子的学习，倾尽所有、尽其所能地大包大揽孩子的一切事情，这样培养出来的孩子连基本的生存能力都不具备，凡事都依赖父母，何谈责任？儿科权威博士詹姆斯告诫家长们说：“依赖本身就是滋生懒惰，精神松懈，懒于独立思考，易为他人左右等弱点。所以说，处处为孩子包办代替，这不是在帮助孩子，而是在坑害孩子。”

责任心是孩子前进的一种动力，是孩子能力发展的催化剂。一个有责任心的孩子必然会表现出很多的优点：自觉、自爱、自立、自强。一个孩子具备了这些品质，她日后必能在社会上立足，能够获得事业上的成功，在家庭生活中能够幸福。而缺乏责任感的孩子只会坐享其成，缺少前进的动力，她们将与成功无缘，与幸福擦肩而过。

所以，只有有责任心的女孩才能表现得更优秀，才有更多的机会获得成功。那么，父母应该怎样来培养女孩的责任心呢？

## 方法一：

让女孩学会自我服务。

不少父母喜欢帮助女孩包办一切，那样只会让女孩缺乏责任心。要培养女孩的责任心，父母正确的做法是首先要让女孩学会自理，让她们做一些力所能及的事情。比如说，自己的房间要自己打扫，脏衣服要学着自己去洗，起床后要自己把床铺整理干净。刚开始的时候父母可能需要在一旁指导监督，慢慢地女孩就会形成一种良好的习惯。还有一点也是父母需要注意的，那就是不少父母喜欢在孩子做作业的时候，自己在一旁指导，时间久了，会让孩子产生依赖性。父母应该让女孩明白学习是她自己的事情，她要学着自己独立地思考问题、解决问题。

## 方法二：

让女孩品尝一下苦果。

著名教育家茨格拉夫人说："必须教育孩子懂得他们不同的一举一动能产生不同的后果，那么，随着时间的推移，孩子们一定会学得很有责任感的。"女孩正处在成长阶段，有时候对一些事情表现出没有责任感也是正常的，这时候父母不要急着去帮助她承担责任，而要让她品尝一下办事不负责任的后果，这样她下次才能汲取教训。比如说，孩子去学校的时候，忘记带课本，她首先想到的是让父母立即停止手头的工作给她送过去，这时候父母应该明智地拒绝她的要求，孩子也会因为这次挨了老师的批评，下次再收拾东西的时候就会多长点心眼，变得认真一些，这样才有利于培养女孩的责任感。

## 方法三：

不要让女孩逃避、推卸责任。

不少父母在孩子做错事情的时候，总是喜欢帮助她们承担责任，而孩子则心安理得地享受着父母的呵护，这样只会让孩子越来越没有责任感。在孩子犯错误后，父母要教育孩子主动地对自己的言行负责，要让孩子学会勇敢地去面对自己的错误，不能逃避和推卸责任，父母更不能主动出手帮助孩子承担责任。比如说，女孩弄坏了别人的文具盒，就要让她用自己的零花钱，去买一个新的赔给别人。勇于承担责任的女孩才是最美丽、最可爱的，才会赢得人们的喜爱。

**方法四：**

培养女孩做事有始有终的习惯。

良好的责任心是用持之以恒的态度来维持的。但是有些女孩总喜欢凭借兴趣做事，所以总是半途而废，有时候稍微遇到一点点的困难就坚持不下去了。因此，父母应该注意培养女孩做事有始有终的好习惯。孩子想要去做的事情，父母要全力地支持，但是也要监督孩子不能随便放弃，在她们做事的过程中遇到困难时，父母要鼓励她们坚持下去；发现问题，要及时地帮助她们纠正过来。只有坚持到底，孩子才能品尝到成功的喜悦，这样才能提升她的信心，让她看到希望，让她明白只要自己坚持还是可以成功的。

## 爱心让女孩成为美丽的天使

晚上，全家人一起看电视，新闻节目里面正在播放一个和娟娟一样大的小女孩，因为父母去世得早，和年迈的奶奶一起生活。然而奶奶体弱多病，她们靠去菜市场捡菜叶生活，顿顿吃稀饭，这个小姑娘不仅主动承担家务，还要照顾生病的奶奶。看到这里，奶奶抹着眼泪对娟娟说：“你看那个小姑娘多可怜啊，真是个懂事的孩子，好感人。”没想到，娟娟不屑一顾地说：“这有什么好感人的，我觉得没有什么。”娟娟的反应令全家人都很吃惊。

上个星期，妈妈去学校开家长会，才知道学校刚刚组织孩子们向灾区捐衣捐钱，但是娟娟回家从来就没有提起过，更没有对妈妈说把自己不穿的旧衣服捐献给灾区的小朋友。妈妈问娟娟怎么不告诉家人，娟娟说：“我的衣服干吗要捐给他们啊?”“老师说的是捐你不穿的那些旧衣服。”“他们那里那么脏，他们会把我的衣服穿脏的，我才不要捐给他们。”听娟娟这样说，妈妈觉得很寒心，这个孩子怎么一点爱心也没有，什么时候变得这么冷漠无情了。

据儿童学家研究，孩子天生就具备爱心，善良和同情是孩子的天性。婴儿一岁前就对别人的情感有反应，如果旁边有孩子哭，他会随之一起哭。一两岁时，孩子看到别人哭，就会拿自己喜欢的东西去安慰，这表明他已能清楚地分辨自己和他人的痛苦，并有了试图减轻别人痛苦的本能，但不知道该怎样做才好。到了五六岁时，孩子开始进入认知反应阶段，他知道什么时候该去安慰正在哭泣的同伴，什么时候该让他独处。这些都是孩子爱心的自然表现。而随着孩子的不断长大，他们的爱心却越来越少，就像上文中的娟娟一样：只知索取，不知付出；只知爱己，不知爱人。这到底是怎么回事呢?

根源就在于父母对女孩的溺爱。父母和长辈对孩子疼爱有加，孩子处处享受着亲人的爱；然而，大多数的父母却忽视了教会女孩如何关爱别人。这样就造就了一大批像娟娟一样缺乏爱心的孩子，只知道伸手向父母索要东西，却从来不关心自己的父母，更谈不上关心他人。

教育家苏霍姆林斯基在《怎样培养真正的人》一书中写道：“一个人只有在他去爱人们的时候才能成为人。如果孩子不善于去爱，他就不可能生活，不可能真正地在道德上得到发展，也就不可能逐渐地进入公民生活的大世界。”这就是说，一个没有爱心的人是不可能成为一个具有良好品德和行为的人的。只有一个从小就懂得关心父母、关心家人、爱护他人的孩子，长大之后才能热爱自己生活的这个世界，关爱周围的一切人和事，热爱生活、热爱生命。而这样一个有爱心的孩子，必然会深得人们的喜爱，也会赢得更多与人合作的机会，获得更多的成功。

那么，父母怎样才能把女孩培养成为一个有爱心的天使呢？

## 方法一：

父母的榜样作用。

父母的一言一行对孩子的心理都起着潜移默化的作用，所以在日常生活中，父母应该给孩子做好表率作用，要尊重和孝敬自己的父母，要关爱自己身边的亲人、朋友，要和自己的左邻右舍搞好关系。只有父母有爱心，孩子才会变得有爱心。父母从小对孩子的爱心教育，对孩子的人生起着导向的作用。

## 方法二：

为女孩提供奉献爱心的机会。

许多父母只知道一味地关爱孩子，却忽略了培养孩子的爱心，他们以为等孩子长大了，懂事了，自己就会变得有爱心了，这种想法是错误的。因为只让孩子享受别人的关爱，而不教会她怎样关爱别人，她是永远不会有爱心的。所以说，父母应该给孩子提供奉献爱心的机会，比如说，在公交车上看见年迈的老爷爷、老奶奶，要让孩子主动为他们让座；邻居生病了，要带着孩子去探望；看见遇到困难的人，要主动上前帮助……。只有通过具体的爱心实践，才能培养孩子的爱心。

## 方法三：

保护好女孩的爱心。

孩子的爱心是稚嫩的，你在乎它，它就会长大；你忽视它，它就会枯萎；你打击它，它就会死去。这就是说，如果父母想要培养孩子的爱心，就应该保护好孩子的爱心。比如说，孩子看见路边有一只受伤的小鸟，要把小鸟捡回来为它包扎伤口，这时孩子的父母很生气地上前拉着孩子的手，快步地把她拉开，并说："脏死了，别摸它。"这样孩子的爱心就会被父母剥夺。事实上，很多父母并不知道自己的这种行为在不经意间伤害甚至剥夺了孩子的爱心。所以说，父母一定要注意自己的言行，注意保护好孩子的爱心。

### 方法四：

教女孩学会移情能力。

所谓移情能力，是指能设身处地地为他人着想、感受他人情感的能力。要让孩子学会设身处地为他人着想，比如说，看见他人生病或者受伤的时候，要让孩子想想自己生病或者受伤的时候是不是很难受，当孩子想到自己以前的疼痛经历的时候，就会深切地理解他人的痛苦，这样她就会情不自禁地想向他人提供自己力所能及的帮助。

### 方法五：

珍惜女孩爱的表达。

有时候，女孩看见父母很辛苦，突然间就会对生活和爱有了新的认识和感悟，会情不自禁地说出："爸爸、妈妈，我爱你们。"此时，父母应该认真地回应孩子爱的表达，应该引导她说出自己的想法，只有这样才可以拉近和孩子的心灵距离。千万不要觉得孩子只是一时冲动，而冷漠地应对。

## 公德意识是女孩必不可少的修养

妮妮是个很漂亮的小姑娘，很多人都喜欢她像洋娃娃一样的脸。周日，爸爸带着妮妮去人民公园玩。天气有点热，中途休息的时候，妮妮想吃雪糕，爸爸去给她买了一根回来，结果妮妮撕开雪糕的包装纸顺手就扔在了地上。妮妮边吃雪糕边看着别人玩，融化的雪糕奶油不断地往下滴，都滴在了地上。好不容易，一根雪糕吃完了，妮妮随手就把雪糕棍丢在了地上。

休息好了，爸爸又带着妮妮往前走。不一会儿，妮妮看见一大片月季花，朵朵都开得鲜艳，她十分兴奋地跑过去让爸爸给她拍照。拍完照，妮妮还觉得不过瘾，她在花坛边上仔细看着月季花，觉得自己真的好喜欢哦，怎么办？于是妮妮趁着旁边没有人，毫不犹豫地摘下两朵花，快速地放进自己随身携带的小包里面，然后才蹦蹦跳跳地离去。

在回家的公交车上，好不容易有个人下车有了座位，妮妮一屁股坐了上去，心安理得地让爸爸站在一边，全然不顾爸爸带着她玩，辛苦了一天，这时候也需要有个位子坐着歇歇了。

这就是小公主妮妮一天的表现，相信大家看了之后，都会觉得十分痛心。一个漂亮可爱的小女孩，在自己的生活中社会公德心却一点也没有，这就使得人们对她的印象大打折扣了。

什么是公德呢？“公德”一是指公共场所、公共生活中的道德准则；一是指全体公民都应遵守的道德准则。人人都要有公德心，如果人人都不讲公德，那么，这个世界将会是什么样？



在我们的生活中，时常会看见这样的现象：有些孩子随手把果皮或者吃完的雪糕棍扔在地上、随意地践踏街边的小草或者采摘路边花坛里面的小花、随意地把自己喝过的矿泉水或者饮料瓶子扔在路边等等，这些行为都是孩子缺乏公德心的表现。

为什么会出现这样的现象呢？这也和父母的教育有关，孩子的公德意识不是与生俱来的，而是在后天的生活中慢慢形成的。但是，我们很多父母在教育孩子的过程中，都只从自己的小利益、小范围出发进行教育。他们认为孩子只要学习好就可以了，其他的一概不管不问，至于当班干部，那样会耽误自己孩子的学习时间；在大街上看见一些不公平的事情，也告诉孩子“别人的事情不要管”。在父母如此的教育之下，一些孩子的公德意识变得越来越差，对公益之事关心甚少。

公德对每一个公民都是一把无形的法律尺度，是每个公民遵纪守法的最好实践。公德意识强，能充分遵守公德的人，犯罪率肯定会大大降低；而那些公德意识差，甚至完全没有公德意识的人，犯错或者是犯罪率则会大大增加。除此之外，在社会交往的过程中，公德也是调节人际关系的润滑剂。

有位资深的儿童教育学家说过：“优秀的品格，只有从孩子还在摇篮之中时开始陶冶，才有希望。在孩子心灵中播下道德的种子，越早越好。”所以说，父母应该抓住教育孩子的最佳时机，在孩子还小的时候，父母就要注重培养她们的公德意识和良好的行为习惯。

那么，父母应该怎样做呢？

## 方法一：

父母应该首先加强自己的公德意识和道德修养。

有些父母嘴上说要培养孩子的社会公德，而他们的行为却给孩子树立相反的榜样。比如说，有些父母自己就不珍惜粮食，总是剩饭，还有些父母将自己吃过的香蕉皮、瓜子皮，喝过的矿泉水瓶随手扔在路边。这些不好的习惯，都会影响自己的孩子。因为孩子的模仿能力很强，看

见父母这样做，他们会模仿；听见父母这样说，他们也会模仿。所以说，父母应该首先加强自己的公德意识和道德修养，注意自己的言行，这样才能为孩子树立一个好榜样，引导孩子形成良好的道德行为习惯。

### 方法二：

对女孩严格要求，帮助她形成良好习惯。

苏联教育家马卡连柯说过："正确标准地教育儿童，比做再教育的工作容易得多。"在日常生活中，父母应该严格要求女孩遵守社会公德，对她们的不良行为及时地指出并帮助她们改正。比如说，当孩子吃饭的时候，剩下很多饭或者是边吃边掉，父母就要及时制止，并且给她们讲讲"谁知盘中餐，粒粒皆辛苦"的道理；当孩子在公共场所乱扔果皮纸屑的时候，父母要及时地制止，对她们进行批评教育；当孩子把废弃物投进垃圾箱时，要及时地鼓励和表扬她们，并且要反复地训练，这样孩子就知道以后自己该怎么做了，坚持下来就会形成一种良好的习惯。

### 方法三：

培养女孩的自立精神和关爱他人的意识。

在日常生活中，自己的事情，要让她自己去做，父母不要代替她去做，这样才能培养她的自立精神。在公交车上，没有座位的时候，要鼓励孩子站着；有座位的时候，要鼓励孩子让给父母或者是其他更需要的人坐，只有这样才能培养女孩关爱他人的意识。父母不要总是帮助孩子找借口，认为她们还小，不管孩子多小，都要注意培养她的公德意识，只有这样，女孩才会受到人们的喜爱。

## 让女孩有一颗感恩的玲珑心

13岁的瑶瑶是一名初中一年级的学生，尽管已经上初中了，但是瑶瑶的生活还是家人打理的。平时爸爸妈妈工作比较忙，瑶瑶是爷爷奶奶照顾的。

这不，刚放学回家，瑶瑶把书包一扔，冲着在厨房做饭的奶奶叫道："奶奶快点给我拿瓶橙汁，我好渴。"奶奶赶紧放下正在炒的菜，急忙从冰箱里给瑶瑶拿了一瓶橙汁送过来。而瑶瑶边喝橙汁，边躺在沙发上看电视。

一天，奶奶生病了，早晨是由爷爷帮瑶瑶收拾的书包。临走的时候，瑶瑶才发现爷爷没有把要带的水凉好，于是爷爷又急急忙忙地去倒水、凉水，瑶瑶看着忙碌的爷爷不仅没有心疼，反而说："我今天要是迟到了，就是你害的！"

天气炎热，爷爷下楼去买了一个冰冻的西瓜回来，瑶瑶根本没有问一句满头大汗的爷爷是不是也口渴了，更没有主动把西瓜切开，叫上爷爷奶奶一起吃，而是一个人拿着勺子，窝在沙发上，一勺一勺地舀着吃。

看了瑶瑶的这一系列行为，我们的第一感觉就是这孩子太缺乏感恩之心了，什么都想着自己，根本不会考虑到他人。而在瑶瑶看来这些都是理所当然的，她长这么大都是这么过的。其实，仔细看看，就会发现，我们的生活中缺乏感恩之心的孩子不止瑶瑶一个。有些孩子从来只顾着满足自己的利益需要，而对父母的付出熟视无睹；有些孩子根本不懂得体谅父母和老师的辛劳……

感恩，是一种美德，一种生活态度，一种健康心态，一种做人的境界。而中国自古以来就有“知恩不报非君子”、“滴水之恩当涌泉相报”的古训。那么，到底是什么原因使得现在的孩子丧失了最基本的感恩之心呢？答案是：都是父母惹的祸。一个孩子只有体谅父母的辛苦，才能感激父母，回报父母。但是，我们的孩子常常不能体会父母的艰辛。原因何在呢？很多父母从来不会告诉孩子自己的工作是多么辛苦，自己挣一分钱是多么不容易，而他们只是希望自己的孩子学习成绩好。在他们看来，孩子成绩好就是对自己最好的报答，他们再苦再累也是值得的。而孩子在父母这种观念的影响下，安心地享受着父母的呵护，认真地学习，他们根本不懂得什么叫做感恩，也根本不会关爱自己的父母，认为父母为自己的付出都是理所当然的。

英国作家萨克雷说：“生活就是一面镜子，你笑，它也笑；你哭，它也哭。你感谢生活，生活将赐予你灿烂的阳光；你不感谢，只知一味地怨天尤人，最终可能一无所有！”没有感恩的心，就说不出感谢的话；不知道感恩的人，就不知道爱别人，也得不到别人的爱。所以说，让孩子学会感恩就显得尤其重要。教育专家郭建国教授曾经说过：“感恩之心是一种美好的感情，没有一颗感恩的心，孩子永远不能真正懂得孝敬父母、理解帮助他人，更不会主动地帮助别人。”感恩之心是一种美好的心理能力，它不仅让孩子懂得回报，也让孩子在感激他人的时候获得自我幸福感的提升，并维护宁静的心灵。一个人只有学会感恩，才能提升生命质量；一个社会，只有人人学会感恩，才能提升国民整体素质，社会才能和谐美好。

那么，父母应该如何来培养女孩感恩的心呢？

### 方法一：

让女孩理解父母。

不少父母都喜欢把自己的辛苦和劳累藏起来，在孩子面前永远展示的是自己快乐、舒适的一面。诚然这是为了爱孩子。但如果这样，孩子就看不到父母的劳累，看不到生活的艰辛，就会对幸福、对父母、对他人缺少一份理解和感激。因为不能理解父母的辛苦，觉得父母为他做什么都是应该的，而不懂得感恩。所以说，父母应该把自己苦和累的一面让孩子知道，只有这样，孩子才能理解，才会懂得感恩。

### 方法二：

教女孩学会感谢父母。

不少父母都是一辈子勤勤恳恳地为孩子付出，却不求孩子的回报，也不知道应该怎样教孩子来感谢自己。这样就会使孩子变得自私，变得冷漠无情。父母应该给孩子回报自己的机会，不要一直不求回报。羊有跪乳之恩，鸦有反哺之恩，孩子也有回报父母恩情的责任和义务。只有一个懂得回报父母养育之恩的孩子，才是一个真正懂得感恩的孩子。而一个懂得感谢父母、回报父母的孩子才能够更好地感谢他人、回报社会。

### 方法三：

教女孩学会感谢老师、感谢朋友。

马其顿王亚历山大说过："我尊重亚里士多德如生身之父，因为如果说我的生命属于父亲，那么赋予生命价值的所有一切都属于亚里士多德。"老师是教给孩子知识的人，是给孩子打开知识宝库钥匙的人。所以，父母要从小教育孩子尊重老师、感谢老师。比如，上课时认真听老师讲课，课后认真完成自己的作业，不管在任何地方见了老师都要主动地打招呼等等，这些都是尊重和感谢老师的表现。真正的朋友就是那些能和自己同甘共苦的人，他们可以帮助我们解决许多人生当中的困难和麻烦。所以，父母还要教孩子感谢朋友，因为一个人的成功或多或少地与朋友的支持是分不开的。

### 方法四：

教女孩学会感谢生活。

美国犹太教哲学家赫舍尔说：“世界是这样的，面对着它，人意识到自己受惠于人，而不是主人身份；世界是这样的，你在感知到世界的存在时，必须做出回答，同时也必须承担责任。”生活是美好的，但也是痛苦的。只有懂得感恩的孩子，才会忽视生活中的苦难，看见生活中的快乐。父母要教女孩学会感谢生活，感谢生活赋予自己的一切，不管遇到什么事情都要以平常心来看待。在遇到困难、遭遇人生不幸的时候，还是要学会感谢生活，以平和的心态面对苦难和挫折。只有这样才能积极地战胜困难，做生活的主人。

### 方法五：

让女孩在感恩中体验快乐。

父母要主动给孩子一些感恩的机会。比如说，吃过晚饭之后，母亲要孩子帮自己洗碗，并且不要忘记对她说声谢谢；当孩子看见父亲下班回来很累的时候，主动地给父亲倒了一杯茶水，父亲要微笑着对孩子说声谢谢。只有这样做，才是重视孩子感恩之心的做法。当孩子向父母表达自己的感恩之心的时候，父母不要忘记说句谢谢，或者给孩子一个微笑、一句赞赏，让孩子收获感恩的喜悦。只有让孩子体会到感恩的快乐，她才能积极重复她的感恩的行为。

# 富养性格

## ——好性格才有好命运

### 平和的心态让女孩更幸福

9岁的珊珊是个聪明伶俐的小姑娘。在班上，她的考试成绩总是前两名，但是如果哪次她没考到前两名，很长一段时间内，她都会闷闷不乐，情绪低落，要是再碰上点不顺心的事情，就会大发脾气。为此，父母、同学在那段时间内对她都是小心翼翼的。相反，如果珊珊考了第一名，在很长一段时间内她心情都会十分好，别人说什么她都爱听。妈妈拿她没办法，这孩子怎么这样呢？

因为脾气大，珊珊在学校的人缘并不好，同学们都不喜欢和她玩。不管是和同学跳橡皮筋还是跳绳、踢毽子，珊珊总喜欢争个赢。要是自己没有赢，她就会对同学发脾气、使小性子，要是自己赢了，她就会欢呼雀跃。因为珊珊的心态不好，同学们都害怕她，所以，大家都慢慢地远离了她。这使珊珊很郁闷，感到孤独。她自己也不知道自己到底是怎么了，为什么总是不能控制自己的情绪。

其实，对珊珊的表现，大家都不会觉得奇怪，因为在我们的生活中会见到不少和珊珊一样心态不好的孩子：她们中有人喜欢怨天尤人，当自己遇到困难的时候，总是喜欢转移到别人身上；有人会因为自己不喜欢的事情或不喜欢的人而生气或难过；有人在学习和生活中恐惧多虑，比较自卑；更有甚者不仅自己讨厌学习和生活，而且总是嫉妒别人，怨气冲天，向别人大发小姐脾气；等等。

为什么我们的孩子小小年纪心态就这么差呢？首先是父母对孩子的溺爱。因为孩子从小就生活在一帆风顺中，要风得风，要雨得雨，而当她们遇到一点困难的时候，就会心灰意冷，不知道自己应该怎么办。其次是时代的压力。随着社会的发展、时代的进步，人们的生存压力越来越大，父母对孩子的期望也就越来越高，这就给孩子造成了很大的压力。在压力的压迫下，不少孩子牺牲了自己快乐的玩耍时间去学习，去上各种补习班，而她们的各种压力又无法释放，让她们的心态越来越差，离平和越来越远。

而这些不良的心态，反过来又会影响孩子的学习、生活和健康状况。不良心态会影响孩子的学习效率和学习成绩，如果心理环境发生了紊乱，大脑就不能调动所有精力来专心致志地学习。不良心态还会阻碍孩子良好品德的形成，因为当孩子处于不良心态的时候，她的主要精力都在关注个人的得失上，根本无暇顾及他人、集体与社会。因为心态不好，孩子会大发脾气，嫉妒、猜疑他人，这样必然不讨人喜欢，影响人际关系。最重要的一点是，不良心态还会影响身体健康，诱发许多慢性疾病。

有一句话大家都不陌生："态度决定一切。"所谓态度其实也就是心态，一种平和的心态。在女孩的成长的过程中，平和的心态无疑是促其健康成长的重要因素，也是孩子健康的重要标志。平和的心态是孩子前进的铺路石，是她们成功的催化剂。

心理专家告诉我们，儿童时期的心理健康对长大后成为一个精神正常、品行良好的成年人是十分重要的。所以说，父母应该花费一定的时间和精力来关注孩子的心理发展情况，培养孩子平和的心态。

那么，父母怎样培养孩子的平和心态呢？

### 方法一：

理解并倾听女孩的心声。

现在大多家庭都是一个孩子，她们无论活动的空间，还是与人交流的机会都十分有限，当遇到事情的时候，孩子不能很好地和人沟通交流，自己的情绪难以宣泄出来，由此就变得十分暴躁，随之心态也变得十分消极。因此，需要父母及时地理解自己的孩子，不要责怪她们，要主动地和她们交流，倾听她们的心声。当孩子有什么想法或者不顺的时候，要及时地引导她们，帮助她们疏导情绪，这样孩子的心态才能逐渐变得平和起来。

### 方法二：

相信女孩，帮助她树立自信心。

哥伦布曾经说过：“世界是勇敢者的。”一个缺乏自信心的孩子，她不仅不能克服自己遇到的困难，而且还很自卑，心态难以平和。所以父母应该帮助孩子树立自信，当孩子取得成绩的时候要及时地鼓励孩子，这时候一句简单的“你真棒”，或者是给孩子一个亲切的拥抱，都会让孩子信心倍增。每个孩子都渴望成功，渴望被别人认可，作为父母，只要信任自己的孩子，并且帮助孩子树立自信，孩子的心态一定会变得十分平和，并且能够平稳地沿着自己的目标前进。

## 方法三：

培养女孩喜欢阅读的好习惯。

一个喜欢阅读的孩子，不仅能从书本中增长知识，开阔眼界，还能够帮助孩子树立正确的人生观、价值观，帮助孩子及时地反思自己，及时地调整自己的心态。所以说，父母应该从小就培养孩子喜欢阅读的习惯，越早越好。因为书中的知识可以从思想、情感、价值体系、审美情操等方面影响孩子，让她们意识到自己的不足，让她们能够对比别人的行为，反思自己的行为。这不仅有助于孩子进步，还能加强孩子的思想意识，让她们的心态变得好起来。

## 方法四：

教女孩学会平衡自己的欲望。

人的欲望是很可怕的东西，很难驾驭。只有能驾驭自己欲望的人，才能有平和的心态。父母应该让女孩学会适当地控制自己的欲望，不能什么都想要，要明白人不可能什么都能得到，要学会控制自己的欲望，不需要的东西就不要。只有能够控制自己欲望的人，才能调控自己的情绪，能够智慧地看待自己的得失。

## 方法五：

教女孩学会正确地看待成败。

一个不懂得正确看待成败的人，一个处处都想赢的人，是很难平和的。父母要教会女孩正确地看待成败，成功了不骄傲，再接再厉，争取更大的成功。失败了不气馁，要看到希望，继续努力，争取下一次能够成功。不要因为一次失败就从此一蹶不振，彻底消沉起来。

## 让女孩远离嫉妒

前几天，妈妈发现蓝蓝放学的时候是一个人回来的，不见了她形影不离的好朋友月月。第二天早上去上学，蓝蓝故意早走了几分钟，也不等月月。妈妈觉得很奇怪，这两个小姑娘闹矛盾了吗？怎么不一起上下学了？晚上，蓝蓝放学回到家，妈妈问了半天才知道，原来是前天语文老师表扬月月的作文写得好，让同学们向她学习，而蓝蓝没有得到老师的表扬。这让蓝蓝很不高兴，所以她就不和月月一起走了。蓝蓝一边跟妈妈说，还一边自言自语："不就是得到一次表扬，有那么开心吗？哼，下次我也要写好一点！"

生活中，我们会发现很多像蓝蓝一样的女孩，当她们看到别人比自己优秀的时候，心里就酸溜溜的不是滋味，于是她们就会产生一种包含着憎恶与羡慕、愤怒与怨恨、猜想与失望、屈辱与虚荣以及伤心与悲痛的复杂情感，这就是嫉妒。也就是说，嫉妒心理是个体体验与他人之间存在强烈优越性差异而导致的一种心理冲突。

在人类的所有情感中，嫉妒是最常见、最令人不安的一种。嫉妒是一种负面情绪，但却几乎是人类与生俱来的。据美国儿童心理学家斯坦贝格的研究，嫉妒感可能最早出现在婴儿期。专家曾发现，不足周岁的婴儿看到母亲在给其他婴儿哺乳时，会出现心率加快、面色潮红等不安反应，甚至哭闹起来。而孩子长大到学龄前的五六岁时，嫉妒会更频繁地升上心头。上学以后，他们和身边的人进行多种比较的机会骤然增多，这就可能会受到更多的嫉妒的折磨。不过随着孩子年龄的增长，他们大多学会掩饰自己的嫉妒感，不会有激烈的行为出现。

那么，是什么导致孩子产生嫉妒之心呢？心理专家认为，孩子天生

就有一种恐惧感，他们渴望得到家长和老师的注意，渴望得到别人的认同和关注。当孩子缺失或者没有受到大人关注的时候，他们的恐惧感就会加剧。实际上，嫉妒就是恐惧感加剧的结果之一。孩子认为自己各方面都不如别人，失去价值感和认同感，嫉妒心随之加剧。

在人类的一切情欲中，嫉妒之情恐怕要算最顽强、最持久的了。英国哲学家培根曾说："嫉妒这恶魔总是在暗暗地、悄悄地毁掉人间的好东西。"是的，嫉妒对人们来说是有危害的：一方面，嫉妒破坏人际关系的和谐，当一个人嫉妒他人的时候，就会变得不再对那个人友好、热情，他们之间的关系就会慢慢变得冷淡起来；另一方面，一个嫉妒心强的人，看到别人幸福而自己却不幸会十分痛苦；再有一方面，嫉妒影响身心健康，据医学专家调查发现，嫉妒心强的人容易患心脏病、高血压、头痛、神经衰弱等病症，还容易产生胃痛、背痛、情绪低落、心理失控等身体疾病。

不过，研究表明，嫉妒心经过自我调节与有效控制，能形成强大的奋斗动力，变怨恨为动力，勇敢地接受现实，汲取他人的长处，扬长避短，用实际行动去缩小和对方的差距，不断发展和完善自我。美国人类学家海伦曾说："嫉妒其实在一定程度上帮助我们到达今天所拥有的成就和地位。自身可以自控的嫉妒，其实是一种再正常不过的情绪。嫉妒其实意味着你的上进，意味着你在努力改变自己的生活，使它变得更好，更符合自己的梦想。"所以说，嫉妒不一定是坏事，发生在孩子身上的嫉妒，只要家长的引导得当，还可能产生积极的作用。

那么，父母应该怎样帮女孩疏导她的嫉妒之心呢？

### 方法一：

帮助女孩提高自我认同感。

研究人员曾经对 500 名初中生和小学高年级学生进行了脆弱性评

估。他们设计问题，研究各种假设情境引发嫉妒的程度，比方说，如果他们最好的朋友和其他人一起去购物了，他们会如何反应等。同时还调查了同年龄段的孩子对他人的嫉妒行为有何看法。结果显示，自我认同感较低的孩子更容易产生嫉妒感。此外，嫉妒的孩子更有可能产生攻击性或隐性攻击性，比如对自己生气的对象不理不睬。这就要求父母要关爱孩子，帮助她发现自己的优点和缺点，让她正确地认识自己，提高自我认同感。

### 方法二：

父母不要拿自己的女儿和别人比。

不少父母总是能够看见别人孩子的优点，却看不到自己孩子的优点，喜欢拿自己孩子的缺点和别人孩子的优点相比，这样更容易使孩子对那些比自己强的孩子产生嫉妒。比如，一位妈妈看到邻居家的女孩比自己的女儿成绩好，就夸奖人家聪明，这样会让自己的孩子对邻居家的女孩产生嫉妒之情。所以说，父母一定要注意，不要给孩子贴标签，认为她这个不行，那个不好，尤其是不要拿自己的女儿和别的孩子作无意义的比较。

### 方法三：

不要批评、挖苦，要耐心地聆听女孩的倾诉。

当孩子显露出自己的嫉妒心时，父母不要对她们严加批评指责，更不要冷嘲热讽，应该佯装漫不经心地对引起她嫉妒的原因通过询问加以了解。当孩子倾诉的时候，父母不妨把孩子抱在怀里，安静地倾听。因为这个时候，孩子需要的不只是欲望的满足，更需要家长耐心地倾听，以及对她们内心感受的肯定。待孩子倾诉完毕，父母不必大加批评，可以微笑着轻松地说：“我还以为有什么大不了的事情呢！”对于孩子来说，父母轻松的话语和微笑能够及时地浇灭孩子强烈的嫉妒之火。

## 虚荣是女孩成长的毒药

13 岁的萱萱读初中一年级，别看她年纪小，却十分偏爱名牌。衣服要穿淑女屋的，鞋子要穿阿迪达斯的。学校发的校服，她觉得很难看，除非学校硬性规定上学期间必须穿校服，否则她绝对不穿。

妈妈在小店给她买的衣服，她会觉得老土不上档次，不穿。妈妈批评她，她说："我的同学都穿的是名牌，你让我穿这样的衣服会很丢人的。"

前天，萱萱又在闹着让妈妈给她买部新手机，妈妈说："你的手机不是半年前过生日的时候，爸爸陪着你去挑的吗，怎么还要买?""我的那个手机屏幕太小了，不好用；像素也很低，照的相片都不清楚；并且功能也很少，只能玩游戏。我想买个宽屏的 3G 手机，像素很高，还能上网，用着也方便。"妈妈说："你先用着这个，一部手机最起码也要用一年吧，现在才半年，手机更新换代是很快的，但是也要有个度，要根据我们的家庭条件来吧。"最终，妈妈没给萱萱买，为此，萱萱整整一个星期没有和妈妈说话，因为她觉得一部手机有什么了不起的，妈妈也太小气了。

其实，妈妈也不知道以前很朴素的萱萱现在怎么变得这么虚荣。

在生活中，我们会发现很多像萱萱这样虚荣心强的女孩子：她们看见别人穿了漂亮的衣服，就十分羡慕，一定要买更漂亮的；当她们穿上名牌的鞋子时，一定要把脚伸给别人看看；她们会和同学比谁家有钱，谁家住的是别墅，谁的父母开的是高档的轿车；她们爱听别人的表扬，受不了一点批评，不管做什么事情，自己一定要赢，否则就会闷闷不乐，失去心理平衡。

虚荣心是一种为了满足自己荣誉、社会地位的欲望，而表现出来的不正常的社会情感。青少年时期，好胜、好强、好出风头是孩子们的共性，虚荣心对这一时期的孩子来说是普遍存在的。究其原因，大致有两个方面：

1. 孩子自我认识能力差，不能客观评价自己。孩子正在走向成熟，他们渴望自己像个大人，但由于生理、心理等许多方面又未完全成熟，能力往往跟不上期望，认识容易出现偏颇，她们往往会高估自己，觉得自己比别人都强。

2. 父母对孩子的教育方法不当。现在不少家庭都是一个孩子，将孩子看得无比珍贵。别的孩子有的东西，自己的孩子一定要有。他们给孩子吃最好的、穿最好的，给孩子很多的零花钱，一味地“吹高”、“捧高”孩子，却忽略了对孩子进行挫折教育，所以，孩子的耐挫折力很差。

虚荣心是一种被扭曲了的自尊心，它追求的是一种脱离了自己客观实际而夸大了的虚假的荣誉，俗称“打肿脸充胖子”。培根曾经说过：“一切恶行都围绕虚荣心而生，都不过是满足虚荣心的手段。”有虚荣心的孩子喜欢夸大自己的实际能力水平，往往采取夸张、隐匿、欺骗、攀比、嫉妒甚至犯罪等反社会的手段来满足自己的虚荣心，其危害于人于己于社会都很大，因而，父母要帮助孩子克服不利于其成长的虚荣特征和行为方式。

那么，父母应如何做呢？

## 方法一：

父母应该以身作则，不要同别人攀比，以免孩子模仿。

父母的言行会影响孩子的认识，孩子会模仿父母，所以，父母要摆正自己的心态，不要盲目地追求物质享受，更不要同别人攀比。只有父母控制好自己的行为，孩子才能从中得到熏陶。一般来说，一个有虚荣心的父母是很难培养出没有虚荣之心的孩子的。

### 方法二：

拒绝女孩不合理的要求。

有些父母不喜欢拒绝孩子的要求，就在这一次次的妥协和纵容中，导致了孩子任性、执拗等不良性格的形成。对于孩子的合理要求，父母应该及时地满足，而不合理的要求，则要坚决地拒绝，只有这样，才能把孩子的虚荣之心扼杀在萌芽阶段。

### 方法三：

不要过分地夸大女孩的优点。

父母不要过分地夸大女孩的优点，也不要掩盖女孩的缺点。要正确地评价她，并且要帮助她正确地认识自己。如果父母总是表扬自己的孩子，并且有时候还是夸张地表扬，时间久了，孩子就会有虚荣的心态，并且越来越严重。只要一次没有听到父母的表扬，她的心就会失去平衡，产生不满。

## 不急不躁让女孩尽显风范

菲菲从小就是个性格急躁的女孩，比如爸爸教她堆积木时，只要有两次没有堆好，她就会放弃不玩了，有时还会发脾气。

长大一些的时候，妈妈看见小区里不少的小朋友都在学习滑旱冰，觉得这项运动还不错，既锻炼了孩子的胆量又可以让孩子强身健体。于是在征求了菲菲的意见之后，就带着她去学习。结果，只锻炼了一天，也没有什么进展，还不停地摔跤，于是她就哭闹着要回家。后来在妈妈和老师的鼓励下，勉强又学习了一天，但还是不敢独自滑。看着周围的小朋友都轻松自如地滑着，她很着急，后来干脆脱下旱冰鞋狠狠地摔在地上，然后说什么也不学了。

日常生活中，菲菲表现得也很急躁，比如常常等不及妈妈把饭做好、出去买东西很厌恶排队、写作业只讲速度不讲质量等等。

生活中像菲菲这样性格急躁的女孩并不少见，她们总是想在短时间内把一件事情做好，得到圆满的结果。只要稍微碰到一点儿不顺利、不如意，就会失去耐心，甚至乱发脾气、暴躁不安，所以，她们通常不能完整地完成一件事情，总是半途而废。

不少父母也觉得奇怪，现在的孩子什么都不缺，在父母和亲人爱的滋润下，为什么她们的性格还是那么急躁呢？据专家分析，孩子性格急躁是由以下原因造成的：

1．父母的溺爱。现在不少父母对孩子过于溺爱，什么都帮孩子去做。正是因为这样，孩子对父母才十分依赖，一旦离开父母温暖的怀抱，需要她们独自去解决一些事情的时候，她们就会不知所措，急躁情绪就会由此产生。

2．孩子缺乏抗挫折的能力。孩子做事情，总是喜欢凭兴趣，但是在做事的过程中，她们因为知识的欠缺或者是能力达不到，因为没有抗挫折的能力，她们会轻易地选择放弃。接下来，孩子又对另一事物产生兴趣，仍然会因为相同的原因而失败。如此反复地失败，加上有时候父母认识不到这些问题，不能及时地指导她们，她们就会烦躁不安，时间久了就会变得急躁起来。

3．长期不安静的学习生活环境导致孩子急躁。有不少父母喜欢在孩子学习的时候看电视、打麻将，并且声音还弄得很大，这样就会使孩子心神不宁，不能安静地学习。如果这样的环境总是得不到改善，孩子就会变得急躁。

急躁会让孩子变得心神不宁，会打乱生活和学习的正常秩序，并常常造成“忙中生乱”、“殃及他人”和“欲速则不达”的不良结果，阻碍孩子的健康成长。急躁也是成功路上的大敌，一个孩子如果急躁的性格得不到改善，将会妨碍她日后的成功，使得她一事无成。

为了孩子的健康成长，为了孩子的成功，父母一定要帮助他们纠正急躁的个性。

那么，父母应该怎么做呢？

### 方法一：

父母不要溺爱孩子，要培养其独立性。

父母不要溺爱孩子，孩子能够做的事情就要让她自己去做，培养她的独立性。在孩子做事的时候，不要过多地指导，要允许孩子出错。只有出错了，孩子认识了，才能够吸取教训，下次才不会做错事，或者自己做错事的时候才不会急躁。另外对孩子的要求，不要都满足，如果什么都满足孩子，她们就会因为太过于顺利，反而适应不了社会的需要，一旦遇到挫折就会急躁。

### 方法二：

让女孩正确地估计时间和自己的能力。

要教育孩子正确估计时间和自己的能力，为自己制定的目标不要太高，要符合自己的能力范围，要有一个合理的时间限度。不要想着一口吃成个胖子，否则只能是失望、挫折和半途而废。比如说学习英语单词，不要一下子让自己记住很多个单词，结果不仅完不成目标，还会变得急躁。父母还应该帮助女孩制订合理的学习计划，有了计划贵在坚持，只有这样才能帮助孩子改掉急躁的毛病。

### 方法三：

给女孩设置点障碍，让她多经历些挫折和失败。

父母应该有意识地给孩子设置点障碍，让她多经历些挫折和失败，在挫折和失败的困境中能培养孩子的耐心。比如说，有些父亲在和女儿下棋的时候故意输给孩子，这样确实会让孩子感到自豪，但是却在不经意间使她形成了急于求成的性格。在孩子面对困境的时候，父母应该鼓励孩子坚持到底。孩子只有经过自己的努力到达成功的顶峰时，才会更加自信和快乐。

### 方法四：

提高女孩的注意力。

注意力是忍耐力的基础，父母可以多和女孩进行一些有助于提高注意力的游戏，例如，“找不同”、“找错误”、“拼图游戏”等等，这些都有助于女孩提高注意力。只有孩子集中注意力，她们才能持久地沉浸在一种活动中，不急不躁。

### 方法五：

父母要掌握反应的时机与尺度。

有些父母在孩子急躁的时候，会显得焦虑不安、情绪烦躁或者急于解决问题，这样不仅不能解决问题，反而会加重孩子的急躁情绪。父母也不要刚开始的时候无动于衷，非要等到孩子大哭大闹的时候才给予关注，这样也会助长孩子的急躁情绪。父母要掌握反应的时机与尺度，只有这样才能更好地帮助孩子克服急躁情绪。

## 鼓励女孩凡事要坚持

10岁的董倩先后学过舞蹈、古筝、书法、乒乓球、跆拳道等等，但是却没有一样坚持下来的，让妈妈很是头疼。

5岁的时候，看见隔壁的红红舞跳得好，董倩就闹着要去学习舞蹈，妈妈一听，很开心，立即给董倩报了舞蹈班。谁知刚上了两次课，董倩就抱怨练习太辛苦，不想去了。妈妈想，孩子还小，不去就不去了吧，让她开开心心地玩吧。

6岁的时候，妈妈带董倩去听了一场古典音乐会，回来她就迷上了古筝，觉得那种乐器很神圣，演出人员穿着古装很漂亮，自己也要学。鉴于以前学习舞蹈的例子在先，妈妈再三问她能不能坚持，她都说能。看着女儿表现出的前所未有的学习劲儿和诚意，妈妈就给她报了培训班。刚开始，董倩还觉得很不错，弹古筝很有意思。尤其是和别人说自己在学什么时，别人的那种羡慕的目光，让董倩着实得意了一阵子。但是两个月之后，随着新鲜劲儿的消失，加上每天需要重复地练习，她就有点厌倦了。看着别的小朋友都在开开心心地玩，而自己却这么辛苦地练习，董倩不乐意了，于是就又放弃了。

妈妈感到很担心，不知道这个孩子能学成什么。

不少孩子都像董倩一样兴趣广泛，参加过很多的培训班，但是最后都会觉得枯燥乏味，无法坚持下去。而父母也因为孩子做事总是不能坚持，渐渐地对她们失去了信心。最后，往往最初的美好愿望不是半途而废，就是不了了之。为此，孩子和父母都感到遗憾、惋惜。



其实，这还是跟父母的教育有关。不少父母事事都为孩子安排好，大到孩子该上什么学校，小到孩子该穿什么衣服都要插手干预，这样就造成了孩子的依赖性。不管是碰到什么问题或者困难，孩子都会首先想到要找自己的爸爸妈妈，而不是自己先动手动脑想一想到底该怎么解决，然后再请求父母的协助，所以做事情总是很难坚持下来。

再就是父母对孩子兴趣的干预。不少父母看着别人家的孩子舞跳得好、钢琴弹得好、歌唱得好、画画得好，就觉得自己的孩子也应该这样，于是他们根本不闻不问孩子的兴趣爱好，就强迫她们去学舞蹈、学钢琴、学唱歌、学画画，而孩子因为对这些根本就没有兴趣，当然坚持不下来了。

凡事不能坚持，常常半途而废，当然不能得到进步和成绩。所以，父母要鼓励孩子凡事坚持，也就是说，父母需要培养孩子的毅力。一个有毅力的孩子，不管自己碰到什么问题和困难都能坚持下来，并最终取得成功；而一个缺乏毅力的孩子，不管做什么事情都是狗熊掰包谷——掰一个扔一个，最终一事无成。有了顽强的毅力，孩子才能战胜生活、学习中的种种困难，以达到预期的目标。

毅力并不是天生就有的，也不是一两天就可以形成的，而是要靠人们在平常的工作、生活中去磨炼，去铸就。所以说，父母应该在平时的日常生活中注重培养孩子的毅力。

那么，父母应该怎样做呢？

### 方法一：

要从小事着手，注重实际锻炼。

培养女孩坚强的意志，需要从日常生活中的小事着手。比如说，要让她坚持写完作业再去看电视。孩子能做的事情，或者她通过努力能够做到的事，都应该放手让她自己去做，父母千万不要包办代替。要让孩子学会从做事的过程中享受乐趣，从做事的过程中克服困难。父母应该放手让孩子自己去锻炼，只有经历过挫折和磨难的孩子才具有坚强的意志。

### 方法二：

发现女孩的兴趣。

有的父母给孩子报了很多兴趣班，但是孩子还是一事无成，没有一样能够坚持下来，这是为什么呢？主要是因为孩子的很多目标都是父母帮助她们设定的，兴趣班也是父母出于自己的意愿为孩子报的，并不是出于孩子的意愿，所以孩子在学习的时候就得过且过。由此看来想要让孩子长久地坚持一件事情，必须要从她们的兴趣出发。父母平时应该多关注自己的孩子，知道她们的兴趣所在。

### 方法三：

给女孩提供磨炼意志品质的机会和环境。

俄国科学家门捷列夫曾说：“平静的湖面，练不出精悍的水手；安逸的环境，造不出时代的伟人。”父母不要对孩子过于溺爱，生怕她们吃一点苦，一个在父母精心构筑的温室中成长起来的孩子会缺少意志力。所以，父母要为孩子创造克服困难的环境和机会，只有这样，才能磨炼孩子的意志，孩子最终才能变得坚韧、勇敢。

### 方法四：

告诉女孩从小目标开始做起。

在实现目标的时候，父母可以帮助女孩将一个大目标分成阶段性的目标，分成若干比较容易达到的小目标，这样既减少了孩子的压力和逆反心理，又可以让孩子从中发现毅力的重要作用，从而不再恐惧较高的目标，才能坚持下来。不过，父母还需要注意一点，给孩子定的目标不能过低，因为这样起不到锻炼孩子意志的作用。只有让孩子一步一步地实现自己的目标，完成自己的任务，她才会变得有信心，做事也能够坚持到底。

### 方法五：

培养女孩做事有计划、有目的、有始有终的好习惯。

在孩子做事之前，父母可以指导女孩制订计划，让她学着安排自己的事情。另外，父母还要让孩子明白做事的目的。当孩子遇到困难的时候，父母要鼓励她们克服困难，只有这样，孩子才能坚持做完一件事情。久而久之，就能培养孩子做事有始有终的好习惯。

## 细心的女孩更惹人爱

8岁的语嫣是一名小学二年级的学生。平时语嫣在课堂上回答老师提问的时候，总能对答如流，一些难度比较大的题目，她经过思考之后，也能正确地答出。但是一到考试的时候，语嫣的成绩就很不理想。这是为什么呢？妈妈和老师一起帮她分析后发现，主要是因为语嫣在考试的时候太过粗心造成的。

在家里做完作业后，父母会帮着检查，错了也能够得到及时的纠正，但是在考场上，却没有人能帮语嫣检查了。

语文试卷上，有一道题让找出错误的答案，而她却因为读题不认真，找出了正确的答案，尽管做得全部是对的，但是因为审题不认真，还是没有得分。

数学试卷上就错得更离谱了，有一道题目是篮球10个、足球20个，而她在答题的时候，却写成了足球10个、篮球20个，尽管解题的思路和计算过程全部是正确的，但是就因为她粗心，还是一分没有得到。还有一道计算题，明明是加法，她却当做乘法来计算，结果当然还是错。

看完语嫣的试卷，妈妈觉得十分头疼，她真的不知道应该怎么办才

能让语嫣变得细心起来。

在中小学生中，我们经常会见到很多像语嫣一样粗心大意的女孩。她们在学习的过程中，经常会犯一些低级错误，不是把加号写成减号，就是把“2.5”写成“25”；很简单的汉字，在书写的过程中，因为自己不认真，不是这里多一横就是那里少一画；答题的时候把正确的答案看成是错误的答案等等。这些低级错误常常让老师和家长束手无策。

那么，到底是什么原因导致孩子粗心的呢？

1. 父母大包大揽孩子的学习。不少父母从孩子开始上学起，就对她们的学习大包大揽。比如每天孩子做完作业后，帮助她们检查，久而久之，孩子就习惯了，她们会对自己的作业不负责，反正有父母帮着检查。但是一旦遇到考试，她们的错误就没有人帮助纠正了，并且她们在做题的时候，心里会没有把握，不知道自己是对还是错。

2. 孩子做事情时注意力不集中，分心。当孩子在做作业或者是做其他事情的时候，因为受到外界的干扰，她们就会心不在焉，注意力转移，自然就会出现看错题、理解错题意或者是计算结果和书写结果完全不符的现象。

3. 孩子的功课多、任务重，紧赶慢赶，往往就会忙中出错。有时候老师给孩子布置的作业已经够多了，但是回到家里，父母还要给她们“开小灶”，布置额外的作业，这就使得她们很心急，为了完成任务，她们会追求速度，结果就会变得粗心起来。

粗心大意的孩子，不仅在学习上会遇到很多的问题，在生活中也会丢三落四的，出现很多不必要的烦恼，将来长大了，也会给工作带来很多麻烦，这些都不利于孩子的成才。而我们观察成人中的粗心者，多是从小就养成了粗心的习惯。可见，从小培养孩子细心的习惯十分重要。

并且作为一个女孩子，细心更是应该的，粗心大意的女孩往往给人留下不好的印象。

那么，父母应该怎样培养女孩细心的好习惯呢？

### 方法一：

从身边的小事做起，培养女孩细心的好习惯。

父母应该从孩子身边的小事来要求她，让她习惯成自然，而不要对孩子进行过多的说教，那样会让她反感。比如说，要求孩子每天写完作业之后，自己整理书包；用过的物品做到物归原处；让孩子每天整理自己的房间，叠被子、理床单这些事情都让她自己来做。在孩子做的过程中，父母要不断地提醒、指导，并且要给孩子鼓励和表扬，一段时间之后，由小到大，循序渐进，孩子就会慢慢变得细心起来。

### 方法二：

提高女孩做事的兴趣，是培养她细心能力的一剂良方。

只有孩子对自己所做的事情产生了兴趣，她才会喜欢做，才会变得细心起来。所以说，为了培养女孩细心的习惯，就应该首先培养她做事的兴趣。父母要学会借他人之口来表扬孩子，比如，父母可以这样对孩子说："今天我跟你们老师通电话了，你们老师说你比以前更细心了。"也可以借亲戚朋友之口来表扬孩子，这样会让她变得自信。有时候，孩子做一件事情时间久了，也会觉得没有意思，粗心的毛病又犯了，父母这时候可以故意向孩子请教，来提高她做事的兴致，增强她的责任心，这样她做事、学习会更加努力细心。

### 方法三：

培养女孩良好的习惯。

要培养女孩的细心，首先就要培养她的专注习惯。只有专注，孩子才能使自己很快地沉静下来，安心地做事，不三心二意，不虎头蛇尾。

其次要培养孩子有序和条理的习惯，行为有条理，物品有条理，不毛毛躁躁，不丢三落四。还要培养她检查的习惯，做完了事习惯于检查一下，例如数学题做完了，要让孩子不嫌麻烦，认真地检查两遍。不管做什么事情，只要孩子养成了检查的习惯，将受益终生。

### 方法四：

千万不要给女孩贴标签。

有些父母看见孩子粗心，喜欢说“你怎么这么粗心啊”、“以后不要再这样粗心大意了”这样的话，一遍一遍，孩子听多了，就会认为自己是粗心的，会破罐子破摔，粗心的情况就会更加严重。如果父母反过来做，在孩子偶尔细心的时候立即表扬她，这样就会强化她的细心，使她慢慢地向着细心的方向发展。一段时间后，细心的好习惯就养成了。

### 方法五：

为女孩排除干扰。

在孩子认真做事时如果受到过多的干扰，就会心绪烦乱，情绪不稳，极易分散注意力，很难做到全神贯注。比如说，在孩子写作业的时候，父母尽量不看电视，不聊天，做事也尽量不弄出声音，如果可以的话，坐下来看看报纸杂志。这样可以为孩子排除干扰，给她创造一个良好的学习环境，使孩子能够集中注意力，她也就会变得细心了。

# 富养情商
## ——高情商让女孩别有韵味

### 帮助女孩了解自己的情绪

8 岁的妮娜在人们眼里是个脾气很不好的小姑娘。老师曾多次向妮娜的父母反映过，妮娜因脾气不好，不能和同学们友好地相处。有一段时间，妮娜的爸爸妈妈没有在意，认为孩子还太小，等长大一些就好了。

现在妮娜已经上小学三年级了，她的脾气并没有好起来，经常会为一些小事和同学大吵大闹。因为喜欢发脾气，同学们都不愿意和她一起玩。妮娜也变得很孤僻，很少有高兴的时候。每天放学回家，妮娜总是和妈妈抱怨：哪个同学今天又惹她生气了，哪个同学是那么让她讨厌……

上周末，妈妈带妮娜去逛超市，大冬天的妮娜要吃冰激凌，妈妈不给她买。谁知妮娜当场就在超市里哭闹不止，尽管周围有很多的叔叔阿姨和服务员过来劝妮娜，但她就是不听，有种不达目的决不罢休的架势。最后，妈妈实在没有办法，只好买给她，她才不哭了。不仅这样，妮娜每次只要看到自己喜欢的东西，要是得不到，她就大声哭闹，直到得到为止。家人都知道她的坏脾气，对她的要求都尽量满足。爸爸妈妈也知道这样不好，但是不知道该怎样帮助妮娜控制她的情绪。

目前，有越来越多的孩子像妮娜一样暴露出情绪方面的问题，她们或整天闷闷不乐，或一触即发、暴跳如雷，自我控制能力差，攻击性行为多。在生活中，如果父母没有给她们买喜欢的玩具、想吃的东西，或者饭菜不合她们的胃口、受了批评、和小伙伴产生冲突等等，她们就会闹情绪、发脾气，有时甚至会哭闹不止。

什么是情绪呢？情绪就是人对事物的感受，经由外在的刺激或内在的身体状况，所产生的一些喜、怒、哀、乐、恐惧、嫉妒、诧异等复杂的情感反应。情绪反映了我们生理和心理上的变化。情绪也是人们与外界接触、交往的一面镜子、一把尺子、一支温度计。

情绪会影响孩子对社会的认知，影响她对社会环境的一些看法，孩子的情绪调控能力是比较差的，主要表现为孩子情绪的易激动性、易感性、易表现性。

美国著名心理学教授丹尼尔·戈尔曼说：“一个人在社会上要获得成功，起主要作用的不是智力因素而是情绪智能，前者只占20%，而后者占80%。”可见，一个人的成败深受情绪影响。同时，在生活中我们也会发现，那些表情愉悦的孩子常受到人们的喜爱，而那些动不动就发脾气，或是经常摆出一张难看的脸的人，则常常被冷落。

所以说，父母有必要帮助女孩了解自己的情绪，进而学会调控自己的情绪。而女孩只有具备了积极的动力情绪，她们才能愉快地学习和生活，才能够健康地成长。

那么，父母应怎样做呢？

### 方法一：

父母首先要管理好自己的情绪。

如果父母能够管理好自己的情绪，互敬互爱不吵架，不打架，让家庭处在祥和的气氛中，孩子就能获得父母更多的爱和关注，并且会受父母的影响，产生积极的情感。如果父母经常争吵，孩子的情绪就会受到影响。所以，想让孩子管理好自己的情绪，让孩子的情绪常常处于健康状态，父母首先要会控制自己的情绪。

### 方法二：

告诉女孩有负面情绪是正常的，鼓励她用语言表达内心的感受。

有研究表明，描述情绪对神经系统的紧张状态有松弛作用。父母应该告诉孩子，我们每个人都有喜怒哀乐，有时候情绪不好是正常的。在孩子心情不好的时候，父母应该鼓励她们用语言表达自己的感受，父母这时候需要站在孩子的角度，去倾听，去理解孩子的情绪。父母了解了孩子的想法，可以帮助出出主意，而孩子因为及时地释放了自己的不良情绪，心情会变得轻松起来，也可能说完之后孩子就什么事也没有了，用不着父母指导，她自己就知道应该怎样做。

### 方法三：

及时地转移孩子的注意力，并教给孩子自我调节情绪的方法。

孩子年龄小、好奇心强，很容易被新奇的事物吸引。当孩子不快乐或者因为没有得到自己想要的某件东西而发脾气的时候，父母就可以利用这一点，把孩子的注意力从不愉快的事情转移到新奇、有趣的事物上来，让孩子破涕为笑。同时，父母应该交给孩子一些自我调节情绪的方法。比如，父母可以告诉孩子，在生气的时候，要想一些让自己开心的事情；当自己情绪不好的时候，就对自己说“一定要冷静”、“不要生气”、“不要发脾气”等等。

### 方法四：

鼓励孩子多和同伴交往，多参加一些集体活动。

现在大部分家庭都是一个孩子，如果孩子长时间地独处，不和小伙伴玩耍，尽管有家人的陪伴，她也会感到孤独和烦闷，这样会让孩子的情绪很压抑。所以，父母应该鼓励孩子走出家门，多和同伴交往，尽管有时候孩子之间也会闹矛盾，但是正是这样孩子才学会了怎样和同伴更好地相处。鼓励孩子多参加一些集体活动，在集体活动中感受快乐的氛围，并且从中学会宽容，学会约束自己。这样有助于帮助孩子逐步形成情绪控制机制。

### 方法五：

和孩子共同设置合理的规则。

在生活中，父母对孩子的各种需要，合理的应该及时地满足，不合理的要坚决拒绝。而孩子因为父母的拒绝，难免会不开心，会产生消极的情绪，有时候甚至会大哭大闹。面对这种情况，父母应该和孩子事先共同设置合理的规则。比如，说好两个星期吃一次肯德基，如果孩子违反了规则，要求一个星期吃一次，父母就可以拿规则来约束她。而孩子也通过规则知道自己的要求是不合理的，在以后的生活中，孩子就会严格地要求自己不去违反规则，这样也增强了孩子的情绪调控能力。

## 提高女孩的自我控制能力



11 岁的雅洁是大家眼里公认的小胖妞，这是因为她控制能力差。

吃饭的时候，妈妈做了她喜欢吃的菜，她就猛吃，要是没有她喜欢吃的菜，她就什么也不吃，然后抱着自己喜欢的薯片、巧克力吃个不停。不管家人怎么说，她也不会停下来，直到自己实在撑得不行了为止。就这样，雅洁的体重不断飙升。

在学校，雅洁同样不让人省心。心情好的时候，雅洁就是一个好学生，课堂上认真听讲，积极地回答老师的提问，课后认真写作业；心情不好的时候，雅洁不但自己不注意听讲，还喜欢和身边的同学讲话，有时候好不容易不和同学讲话了，又小动作不断，不管老师点名批评她多少次，她依然我行我素。

除此之外，雅洁只要见到自己喜欢的东西，就一定要得到才满足，不然的话会发脾气、要赖，坐在地上不起来。因为她的自控能力差，去亲戚家，看见自己喜欢的东西，也会顺手拿走，为此周围的亲戚、朋友、老师、同学都很害怕她。

像雅洁这样控制能力较差的女孩很多，雅洁只是她们其中的一个。她们做事的时候思想不集中，总是虎头蛇尾的；看见自己喜欢的好东西，要是得不到满足就大哭大闹地逼着父母来满足她们；看见自己喜欢的好吃的东西就要一次吃个够；受到一点批评或者委屈就闹情绪；明知道要写完作业才能出去玩，但自己的作业没有写完也偷偷地溜出去……

那么，什么是自我控制能力呢？自我控制能力是自我意识的重要成分，它是个人对自身的心理和行为的主动掌握，是个体自觉地选择目标，在没有外界监督的情况下，适当地控制、调节自己的行为，抑制冲动，抵制诱惑，延迟满足，坚持不懈地保证目标实现，是人的一种综合能力，表现在认知、情感、行为等方面。它是孩子在后天的环境中，随着认知的发展和教育的影响而不断形成和发展起来的。

为什么现在的孩子普遍缺乏自我控制能力呢？因为父母对孩子过于娇惯、溺爱，对他们提出的要求总是“快速服务”式地满足；有些父母本来不想对孩子百依百顺的，可是却经不住孩子哭闹，三分钟就败下阵来乖乖满足孩子的要求。这样时间久了，孩子在十分舒适、顺利的环境里生活惯了，意志情感脆弱，没有自立意识，生活不能自理，自我控制能力也越来越差，一旦自己的欲望不能及时地得到满足，就会心理失衡，同时还生出许多不良行为。

关于自我控制能力，美国心理学家曾经做过一个非常著名的“软糖试验”。被试验的孩子面前摆着一块糖，并且被告知如果在5分钟内忍住不吃就能得到第二块。经过追踪调查，那些能很好地克制自己、在规定的时间内没有吃第一块而得到第二块糖的孩子，长大后许多都考上大学，有着较高声誉和社会地位及财富；而那些忍不住吃掉第一块糖的孩子长大后大多表现平平，这就是自我控制能力对个人发展的重大影响。而另据美国心理学家最新研究表明：自控力强的孩子，到了初、高中阶段，其学习成绩高于相同智商孩子20%左右。

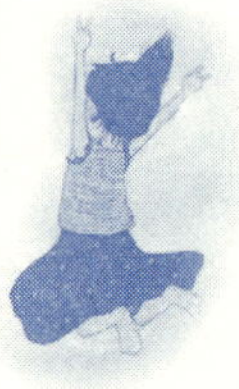

自我控制能力，是良好品质和行为习惯的基础，是个人成功的重要保障。

那么，父母应该怎样帮助女孩提高自我控制能力呢？

### 方法一：

“延迟效应”，遵循循序渐进的原则。

培养孩子的自我控制能力，首先要她学会等待，延迟满足自己的欲望。父母在对孩子进行训练时，延迟持续的时间每次要逐步加长，遵循循序渐进的原则。但是最初延迟的时间不要过长，否则孩子会灰心丧气，比如刚开始希望孩子等待半个小时，孩子能安静地等待，这样已经是开始初步地自我控制了。下一次可以让孩子等一个小时，然后逐步地延迟。不过，父母对孩子延迟满足的度要适宜，让孩子在等待中看到希望，这样她才会坚定地坚持下去，直到最后获得成功。这样重复多次，孩子就可形成良好的习惯，从而降低自控行为引起的紧迫感，使自控行为容易完成和保持。

### 方法二：

从生活中的小事入手，让女孩管住自己。

父母可以从日常生活中的小事入手来逐渐地训练女孩的自我控制能力。比如说，平时要经常给孩子布置一些她力所能及的家务活，并鼓励她按时完成；帮助女孩严格要求自己，抵挡住零食的诱惑；告诉她想要买一些不太需要的东西的时候，想想父母挣钱的辛苦……通过这些小事，女孩不断地控制自己的行为和欲望，时间久了，她的自我控制能力就不知不觉地增强了。

### 方法三：

教会女孩用积极的心理进行自我暗示。

心理学家告诉我们，你期望自己是什么样子，你就把自己当成什么样子来对待，时间长了，你就会因为自我暗示的潜移默化的积极影响，不断地向你期望的方向发展，最终就会变成你所期望的那个样子。其实，这样也就起到了自我控制和暗示的作用。所以，父母应该教会女孩用积极的心理自我暗示，在控制不住自己的时候，一定要说“我相信自己能行”、“我一定可以不买这个东西”。这样到了一定的时候，孩子的这些自我暗示就会让她变成自己期望的那个样子，看见某样东西也不再动心了，自我控制的能力也得到了极大的提高。

### 方法四：

及时表扬，强化女孩的良好行为。

女孩在超市里看见一个她喜欢的漂亮的布娃娃，而在妈妈的劝说下，她最终没有买；今天妈妈很忙，晚上需要加班，结果等妈妈回来，女孩早已写好了作业，不需要妈妈的监督了……这时候，父母就要及时地给她鼓励。这样的鼓励，会对她产生自我激励的作用，也会提升孩子的自信心，最终还强化了孩子的自我控制能力。

### 方法五：

不断提高女孩的是非观念和评价能力。

一个人只有树立正确的认知，能够明辨是非，才能提高自我控制能力。例如，当女孩认识到助人为乐是一种高尚行为时，她会毫不犹豫地去帮助他人，牺牲自己的利益也不在乎；当女孩认识到自己不主动和人打招呼是一种不礼貌的行为时，她会主动地和周围的邻居们打招呼。只有这样不断地提高女孩的自我评价水平，才能实现她对个人行为的自我调节。

## 女孩不能靠眼泪征服世界

慧慧从小就是个爱哭的小女孩。4 岁的时候，在幼儿园，小朋友抢了她的狗熊玩具，她就站在那里哭，老师问她怎么了她也不回答。

小学一年级的时候，她因为语文课上没有回答出老师的问题，很羞愧，坐在那里偷偷地掉眼泪。一年级下学期的时候，她因为期末考试数学没有得到满分，回到家里大哭一场。小学三年级的时候，在竞选班干部时，没有当上班长，慧慧气得哭了好几天。

在家里，慧慧同样爱哭。前天，放学回家，慧慧一边写作业，一边看电视，奶奶说她，她不听。不一会儿，妈妈下班回来，看见慧慧一边看电视一边写作业，就很生气，批评慧慧不应该一心二用，这样做是不好的，应该先把作业写完，然后再看电视。可能妈妈的语气重了点，慧慧觉得很委屈很难过，她跑进房间，关上房门，放声大哭起来。

慧慧的妈妈也觉得自己的女儿太爱哭了，动不动就掉眼泪，有时候为一件小事，她就哭个不停，真不知道怎么做才能减少慧慧哭的次数。

慧慧确实是一个爱哭的小女孩，其实生活中有很多这样娇气的女孩子，动不动就哭鼻子掉眼泪。专家告诉我们，孩子动不动就掉眼泪是性格懦弱的一种表现。性格懦弱的孩子，不仅胆小、怕事、缺乏独立性、过分依恋亲人，还喜欢掉眼泪。这些都是孩子性格上的缺陷。

心理学家指出，性格是人对现实的稳定态度以及与之相适应的习惯化行为方式，是人格的一个最重要的方面。性格属于非智力因素的范围，与智力因素组成心理活动的两个相互联系、相互影响、相辅相成的方面。在当前的家庭教育中，不少父母舍得在孩子的智力上投资，而对孩子的非智力因素重视不够，这就导致孩子的意志品质不够坚强，以致孩子形成性格懦弱、怕吃苦、贪图安逸、心理脆弱等弱点。

美国心理学家特尔曼和西尔斯曾对一千多名智力超常儿童进行了长达 50 年的追踪研究，结果发现，人们能否取得事业上的成功，在很大程度上并不完全取决于人的智力或客观环境，而是取决于他们是否具有坚强的意志。这就是说，一个性格懦弱、爱哭的女孩，是不能克服困难和挫折的，这样她在激烈的社会竞争中就处于劣势，并且她的社会适应能力比较差，将来在事业上也很难取得成功。而坚强的性格有利于调动人的主动性、积极性和强化脑细胞的活动，使智力活动呈现积极的状态，从而使人在学习和工作中产生超乎寻常的高效率。在社会生活中，一个人要想适应社会，克服种种困难和挫折，取得事业上的成功，同样需要有坚强的性格。所以，父母要认识到女孩不能靠眼泪征服世界，而要靠她们坚强的意志品质来征服世界。

那么，父母应该怎样培养性格坚强的女孩呢？

## 方法一：

给女孩一些适当的挫折，培养她独立克服困难的能力。

父母首先应该了解自己的孩子现在能做什么、不能做什么，常给她制造安排一些经过努力可以克服的困难。比如说，父母可以带女孩去农村体验生活，让她吃点苦头；孩子做了自己不应该做的事情，就要接受批评和惩罚，父母不要对她们心软；还可以适当地让女孩去尝一下饥饿的滋味……只有让孩子完成一件对她来说具有难度的事情，她才能体会到克服困难而成功的喜悦。

## 方法二：

父母要相信女孩是坚强的。

日本心理学家长岛真夫等人曾做过一个试验：从小学五年级的一个班级中挑出 8 名在班中地位较低的学生，任命他们为班级委员。一个学期后，发现他们在班级中的地位显著上升，并且这些孩子在自尊心、安定感、活动能力、协调性、责任心等方面都有明显的改善。父母要相信孩子的能力，比如说，父母可以让孩子周末在家当小管家，负责家里的一切日常事务，负责买菜，负责清理家中的卫生，这样可以锻炼孩子的生存能力。只要父母相信孩子是坚强的，相信孩子是能干的，她就一定能做好这些事情。心理学的研究也证实，让孩子担任一定的“角色”，可以使孩子的性格向这个角色靠拢。

## 方法三：

锻炼女孩各种积极的、良好的心理品质，鼓励她加强体育锻炼。

人的各种心理品质是相互影响的，培养孩子各种积极的、良好的心理品质，能有效地促使孩子的性格变得坚强起来。平时父母还应该鼓励女孩加强体育锻炼，体育锻炼本身就可以使女孩变得坚强，另外体育锻炼还可以让女孩保持身体健康。只有健康的孩子，才会自信，才会变得坚强起来。

### 方法四：

教孩子凡事再坚持一下。

一个人不管遇到什么困难，只要能够再坚持一下，这种坚强的意志足以助她克服困难，取得成功。这就要求父母在孩子遇到困难的时候，要克制住自己的护子情绪，装作若无其事或者是给她最大鼓励，让孩子坚持一下，再坚持一下。如果孩子最终能够坚持下去，她就能够成为生活的强者。

## 让任性的女孩变懂事

6 岁的静雯上小学一年级，是个聪明机灵的小女孩，但就是太任性了。上周末，妈妈带静雯路过肯德基门口，静雯一定要去吃。妈妈说，你刚吃完饭，下次吧。于是就拉着静雯往前走，谁知，静雯不但不走，反而拽着妈妈的胳膊哭着要去肯德基。妈妈很生气，于是就开始呵斥她，谁知，妈妈越说，她就哭得越起劲。妈妈索性放开她的手，自己走，谁知她不仅不走，还躺在地上打起滚来。这时候周围围上来很多路过的人，大家都劝静雯要听话，她都不听，有些人还觉得妈妈对静雯太苛刻了。这时候，妈妈实在是没辙了，只好带着静雯进了肯德基，她才停止了哭闹。

面对这么一个任性的孩子，妈妈真的是一点儿办法也没有，她不知道自己到底该怎么来纠正静雯的这种任性的坏习惯。

相信不少父母看了静雯任性的坏习惯之后，都有同感。因为自己家也有这么一个任性的女儿。专家告诉我们，任性是儿童，特别是独生子女常见的坏习惯，主要表现为固执、不听从劝告、不接受他人意见、一意孤行，或者是表面上答应，内心不服，父母不在旁边时，就由着自己的性子来。

那么，孩子任性是怎样造成的呢？可能有以下几个原因：

1. 父母的过分迁就。

随着生活条件的改善和独生子女比例的增加，不少孩子成为家庭的中心，面对孩子不合理的要求，父母觉得孩子还小，就迁就她，慢慢地，孩子形成了心理和行为定势。还有的家长对孩子知识方面的要求严格，而在个性品质、行为习惯等方面没有要求，孩子想干什么就干什么。

2. 父母对孩子过度严厉或不尊重孩子。

有些父母对孩子的要求太苛刻，孩子达不到，就产生了逆反心理和抵抗行为，久而久之，就变得任性起来。还有些家长，动不动就打骂孩子，在众人面前训斥孩子，一点儿也不尊重孩子，而这时候孩子就会产生任性的对抗行为。

3. 孩子的自制力比较差。

孩子因为自制力差，情绪不稳定，很容易冲动，加上她们对事物的认识还不全面，很容易产生片面的观点，一味地按照自己的愿望和想法行事，难免变得任性起来。

不过需要注意的是，父母还要区别孩子的“真任性”和“假任性”。所谓假任性，是指孩子的某些行为，表面看来似乎是任性，实际上是孩子独立性的表现。专家告诉我们，3～4 岁是孩子的“第一反抗期”。这时期孩子不再像以前那样听话，而是经常和大人“闹独立”，总是力图摆脱大人的约束。4～5 岁时这种情形依然延续，孩子经常表现出不服管教的特性。当大人提出某种要求时，他们往往会说“我不”或“不要你管”，如果大人加以干涉，孩子就容易变得非常暴躁。孩子的这种独立性倾向常常被大人们认为是不听话，实际上这是孩子的反抗心理，是独立性个性品质发展的重要标志，是一种正常的心理发育现象。所以，这一时期父母应该给予理解。

不过，父母一定要明白，孩子的真任性心理要是得不到纠正的话，会妨碍孩子的心理健康和正常发展。因为任性的孩子都比较固执，这样会妨碍她生活能力的发展；任性的孩子不善于与人交往，这样她会因为不被别人接受而陷入孤独。如果不及时矫正将不利于孩子今后的学习、工作和生活。

那么，父母应该怎样帮助女孩纠正任性的习惯，使她变得懂事呢？

### 方法一：

及时地转移孩子的注意力。

生活中，我们经常会看到这样的情形：一个任性的女孩在家里非要去做一件不该做的事，妈妈不管怎样阻拦，女孩都不听，非要去做。这时候正好孩子的爷爷从外面买回来几条金鱼，孩子立即就被吸引过去了，不再纠缠。所以说，父母可以在孩子任性的时候，及时地转移她的注意力，把孩子吸引到一些她感兴趣的、新鲜的事情上去，孩子就会很快地忘记她刚才想要做的事情，转而去投入一件新的事情。

### 方法二：

父母不要迁就孩子。

在孩子任性的时候，父母要坚决地拒绝，如果一次妥协了，下次孩子就会认为父母“好说话”，还是会继续任性，如此不断提出自己的无理要求来让父母满足她。所以说，父母要纠正自己对孩子的迁就行为，不仅第一次要拒绝，下一次也要拒绝，后面还是要拒绝，要善始善终，这样才能帮助孩子纠正她任性的坏习惯。不过，父母在对孩子说“不”之后，要耐心地向她解释自己拒绝的理由，要让孩子明白父母是为她好，要尽可能取得孩子的理解，不要让她觉得父母是故意和她过不去而背思想包袱。不过，要注意的一点是，父母在教育孩子的时候，态度要保持一致，这样才能起到应有的效果。

**方法三：**

在拒绝孩子的不合理要求的时候，要保护孩子的自尊。

面对孩子任性的时候，不少父母会很烦躁，有时候实在被孩子的任性烦得不行，就会当众斥责或者是打骂孩子，这样会伤害孩子的自尊。有的父母甚至是以任性对任性，孩子不讲理，自己也不讲理，这都不是教育孩子的好方法。正确的做法是，父母要多听听孩子的想法，和她多沟通交流，争取民主和平地解决问题，坚决改变伤害孩子的行为，保护孩子的自尊。

## 让女孩学会与人分享

薇薇是个4岁的小女孩，在幼儿园里总是喜欢一个人玩。她总是把自己喜欢的玩具用裙子兜着，或者是放在自己的周围，要是有小朋友想要她的玩具，她会恶狠狠地说：“这些都是我的，你不能拿！”有一次一个小男孩趁她不注意拿走了她的玩具，她看见后硬是追在后面把自己的玩具抢了回来。尽管老师多次批评过薇薇，但她就是改不了自己的坏习惯。

9岁的琴琴是同学中间有名的小气鬼。因为她总是喜欢借同学的东西，但是遇到同学们问她借书、橡皮或者改正液的时候，她就会说自己没有或者是忘记带了，总之就是想尽各种办法或者是找各种借口不愿意借给同学。有时候出去玩，琴琴和同学们一样都带了很多好吃的零食，但是同学们却一点儿也尝不到她带的东西，因为她连一颗糖也不愿意分给大家。为此，同学们都渐渐地疏远了她。

生活中，我们会见到不少像薇薇和琴琴一样的小女孩，她们不愿意把自己的东西与他人分享，却愿意分享他人的东西。这样的孩子，在家里，东西不愿意分给大人；在学校，东西不愿意分给同学；家里来了客人，她就会把自己最喜爱的玩具、图书、零食都藏起来。

当然，人都有自私性，孩子不愿意把一些东西分给别人也是正常的，但如果太过自私，就是性格的缺陷了，这将不利于孩子的健康成长。

分享就是指将自己所拥有的、能支配的物质与别人一起使用，将自己的欢乐、幸福、好处、机会等与别人一同体验的行为。这是人的社会性的一部分，是孩子在形成社会性过程中必须掌握的一种能力。孩子最初的自发性的分享行为是在 1 岁左右，比如她们有时会把玩具给别人、对着别人微笑等。到 2 岁以后，孩子的自我意识开始发展，但这时的争抢是一种普遍的行为表现。到 3 岁以后，孩子才能将分享作为一种交往手段，在与别人的交往中使用，慢慢体会着与别人分享而带来的快乐。

现代社会是一个信息共享的社会，分享能力更是不可缺失，只有学会分享，孩子才能取得良好的发展。每个孩子都要与同龄人进行交往，不会分享的孩子，不会赢得同伴们的喜欢，也很难融入集体之中，会感到十分孤独，性格容易变得封闭、孤僻。而愿意分享的孩子，会深得同学们的喜爱，会得到越来越多的快乐，进而她的性格也会变得越来越开朗、自信、合群。

为什么现在有些孩子不愿意与别人分享她们的东西呢？主要因为很多家庭都是一切以孩子为中心，孩子便养成了有什么好东西都由她一个人独霸的坏习惯，不愿意与人分享。还有很多孩子从小就很少和同伴交往，这样孩子不管做什么都喜欢以自我为中心，不懂得分享。

分享是孩子应该养成的一种良好品质，父母要从小培养女孩的分享意识。

那么，父母应该如何做呢？

**方法一：**

父母要学会分享女孩的东西。

许多父母宁可苦自己也不苦孩子，好吃好喝好玩的都给了孩子，一切以孩子为中心。有时候就是孩子把好吃的东西诚心诚意送到父母的嘴边，他们也不肯吃。这样孩子分享的好意就被父母给扼杀了，时间久了，她就会觉得自己拥有一切是理所当然的，没有了分享的意识和习惯。所以说，父母要学会分享孩子的东西，不要一味地溺爱孩子，溺爱孩子就是害孩子。家里即使只剩下一个橘子，也要让孩子平均分给家里的每一个人。当孩子体会到分享的快乐的时候，独占心理和行为就不会在她身上滋长。

**方法二：**

让女孩学会和同伴一起分享。

父母要鼓励孩子多和小伙伴交往，要给孩子制造更多的和小伙伴一起玩耍的机会，可以让孩子邀请同伴来家里玩，鼓励孩子与小伙伴分享自己的东西、分享心情。通过和同伴的交往，孩子就会收敛自私，体会到分享带给自己的快乐，同时也能养成关爱他人、谦让友好的行为习惯。

### 方法三：

教女孩学会“角色互换”，弱化“自我中心”心理。

“角色互换”就是站在他人的角度来体会别人的需求、感受。比如说，当孩子不愿意把玩具给别人玩的时候，要问问孩子，如果小伙伴也不愿意把玩具给你玩，你会难过吗？答案当然是肯定的。这样孩子通过角色互换，体会到了对方的感受，就会感到不安、羞愧，弱化“自我中心”的心理，她也愿意把自己的好东西和别人一起分享了。

### 方法四：

对女孩的分享行为要及时地鼓励和赞美。

当孩子把手里的橘子分给家人，当孩子把自己珍爱的玩具拿出来和小朋友一起玩，当孩子把自己喜欢吃的东西分给家长的时候，父母要大声给予鼓励与赞美，当孩子感到自己所做的事情得到肯定时，就会有一种积极的体验，并在这种积极的情绪中为得到强化而保持。父母还可以通过自己的眼神、表情、动作来对孩子进行鼓励。

### 方法五：

允许女孩有自己的宝贝。

每个人都有自己特别珍爱的宝贝，这些宝贝可能是自己特别喜欢的，也可能是自己觉得重要的人送给自己的礼物，这些东西每个人都不愿意与他人分享，孩子也是一样。所以说，我们在提倡孩子分享的时候，应该允许她有自己的宝贝。这些宝贝，她可以不和别人分享。父母不要强迫孩子把自己最珍贵的宝贝与人分享，否则会让孩子十分反感，有时候甚至会做出相反的行为。

## 助人为乐让女孩更受欢迎

10岁的田田是一个乖巧懂事的小女孩，在家里，她会主动帮助妈妈做家务。看见妈妈拖地，田田就去帮忙；看见妈妈一个人洗一大盆衣服，她也会挽起袖子，赶紧上前帮忙。在公交车上看见需要帮助的人，田田会及时地起来让座。前天，田田在过马路的时候，看见一个盲人，田田还搀扶他过马路。

乐乐是个和田田一样大的小女孩，我们来看看她是怎么做的：在家里，好东西都是她一个人霸着；看见妈妈满头大汗地洗衣服、拖地，她一点反应也没有，还跷着二郎腿坐在沙发上津津有味地看电视。和妈妈一起逛超市，回来的时候不管妈妈拎多么重的东西，她都视而不见，一个人蹦蹦跳跳地在前面走着。在外面看见需要帮助的老人或者小孩，乐乐怎么也想不起来去帮助他们。有一次，乐乐在路上走，一个农村来的老大爷向乐乐问路，乐乐一看他那装扮，立马快步地向前走去，本来老大爷问的地方就在乐乐家附近，可是乐乐却不愿意帮助他。

看完田田和乐乐两个人的表现，你会喜欢哪一个呢？相信很多人都会毫不犹豫地回答：当然喜欢田田，因为田田是一个喜欢助人为乐的孩子。

帮助别人是一种美好的行为，喜欢助人为乐是一种美好的品质。那么，什么是助人为乐呢？它是指关心他人，对他人的痛苦有情感反应（移情和共情），以通过安慰、提醒、分享、给予、协助等方式帮助别人为快乐。一般来说，两岁左右的孩子就能够注意到别人的痛苦，并且会出现跟着哭、烦躁等移情的反应，但很少出现帮助的行为，即使有，也只是轻轻拍拍或摸摸痛苦的人，似乎是想安慰他。但是到三岁之后，孩子则会表现出更多助人的行为。如用语言安慰“别哭了，一会儿就不疼了”，会提醒“下次小心点”，把自己的玩具递给哭了的小朋友，帮助小朋友系上衣服后面的扣子等。

我们在帮助别人的同时，实际上就是在帮助自己。所谓“送人玫瑰，手有余香”就是这个意思。有句话是这样说的：关心他人，竭尽全力去帮助别人，会使人变得慷慨；关心别人的痛苦和不幸，设法去帮助别人减轻或消除痛苦和不幸，会使人变得高尚；时常为他人着想，会丰富自己的生活，增加自己的涵养。人需要有自我，但一味陷在自我的圈子里，人会变得自私狭隘。

这就是说，助人为乐是一个人思想境界的行为体现，是一种精神的升华。所以说，从小培养孩子乐于帮助他人的美德，对孩子今后具有高尚的情操、健全的人格有着不可估量的影响。一个助人为乐的孩子，不仅会受到同伴的欢迎，还能受到成人的喜爱。所以说，父母要注重从小就培养女孩助人为乐的好习惯。

那么，父母应如何做呢？

### 方法一：

父母要以身作则，给女孩树立榜样。

要想让自己的孩子助人为乐，父母就必须以身作则，给孩子树立良好的榜样。要是父母言行不一，非常小气，不愿意帮助别人，那么，孩子也会模仿父母的行为，不管父母怎样给孩子讲道理讲原则，都不顶用。即便有时孩子听了，也会马上忘记，因为她看到父母就不那样做，自己当然也可以不那样做。与其给孩子讲大道理，不如自己亲自做出来，给孩子带个好头。

## 方法二：

让女孩看到别人的需要。

生活中，我们经常会看到这样的情况，有些孩子看见别人需要帮助的时候，能够很快地上前帮忙，而有些孩子却视而不见，无动于衷。父母可以通过生活中的事例，来教孩子如何从别人的表情和行为来看对方的需要。比如说，在大马路上看见一个老奶奶，走得很累，还东看西看的，就应该猜测老奶奶是迷路了，需要帮助；在公交车上看见一个步履蹒跚的老人或者是一个孕妇，就应该主动地让座。在家里，父母要是需要孩子帮助的时候，可以直接用语言表达自己的需要，并希望孩子能够帮助自己。比如说，孩子和妈妈一起去超市购物，回家的路上，妈妈可以向孩子发出“求援”：“我一个人拎不动这么多东西，你帮妈妈拎一个小袋子吧!”听到妈妈需要自己的帮助，孩子一定很乐意帮忙分担。只有能注意到他人需要的孩子，才能及时地帮助他人。

## 方法三：

让女孩相信自己有能力帮助别人。

有些孩子在遇到需要帮助的人时，表现得比较迟疑或者很冷漠。有时候她本来是很愿意帮助别人的，但是因为她缺乏自信，不知道自己能不能帮助别人，所以很迟疑，或者假装自己没有看见。所以，父母要经常给孩子机会，让她帮助自己做事，并且要及时地给予孩子肯定和鼓励，这样才会树立孩子的自信心，让孩子觉得自己是有能力帮助别人的，在别人遇到困难的时候，就会主动上前去帮忙。

## 方法四：

助人为乐要具有辨别能力。

能够助人为乐当然是好事，但是父母应该告诉孩子在什么样的情况下要主动地去帮助别人。比如说，自己的同学有困难了，主动去帮忙是应该的，但是，如果自己的同学和别人打架，需要自己去帮助，这时候就不能去了。所以说，父母在教孩子乐于助人的同时，要教会孩子明辨是非，让她知道什么样的忙是自己应该帮的，什么样的忙是自己不能去帮的，让孩子做到心中有数。

### 方法五：

助人为乐要量力而行。

在孩子帮助他人的时候，要告诉孩子量力而行。这里所说的“力”，指的就是个人能力，换个更直接的说法就是助人的特定技能。如果需要帮的这个忙超出了孩子的能力范围，不仅会越帮越忙，有时候甚至会危及自己的生命。比如，孩子看见一个落水的儿童，自己想去救人，但是没有学过游泳，这时候是跳下去救人，还是及时帮忙呼救呢？当然是及时地帮忙呼救。这就需要孩子还必须具备一定的应变能力。这些能力都需要父母在日常生活中慢慢地对孩子进行培养。

## 鼓励女孩自我反省

6岁的童童是个爱美的小女孩。一天，爸爸妈妈带着她去公园玩。路过一个花圃时，童童看到里面开满了各种漂亮的鲜花，十分喜欢，就一边看一边闻，最后实在是忍不住了，把自己的小手伸向一朵月季花。这时候，妈妈刚好抬头，看见了童童的行为并及时制止了。但是过了一会儿，童童还是不放弃，又把手伸向花朵，妈妈则大声呵斥童童：“叫你不要摘，你非要摘，怎么这么不听话呢？”谁知童童委屈地说：“这儿又没有人，我偷偷地摘一朵不行吗？就一朵。”“不行！”妈妈大声地说道。童童觉得很委屈，眼泪也掉了下来。

正在这时候，去买饮料的爸爸回来了。弄清楚原因后，他对童童说："童童，如果妈妈打你，你会觉得怎样呢?""我会觉得很痛。"童童不假思索地说。因为童童前天刚挨过妈妈的打。

"是啊，你挨妈妈的打会觉得很痛，那你把小花折断，它会不会痛啊? 你想啊，小花只有在枝头上才能开得很好，你把它摘下来，它会痛，并且摘下来之后小花很快就会蔫的，就不漂亮了。"爸爸开导童童说。

这时候，童童不做声了，想想爸爸的话，又恋恋不舍地看了几眼漂亮的花朵，走过来对生气的妈妈说："妈妈，我知道错了，以后我再也不摘花了。"听见童童这么说，妈妈露出了笑容。

童童的爸爸通过循循善诱、晓之以理引导童童自我反省，使得童童认识到了自己的错误，并且得到了及时的改正。可见，鼓励女孩自我反省，是教育孩子的一种很好的手段，比直接的打骂和说教有效得多。

自我反省是人们一种内在的人格智力，是认识自我、完善自我、不断进步的前提条件。一个人之所以能够不断地取得进步，在于他能够自我反省，找到自己的缺点或者做得不好的地方，然后改正，以追求完美的态度去做事，从而取得一个又一个成功。在这点上，两位世界著名的小说家是我们学习的榜样。

一位是英国著名小说家狄更斯，他对自己有一个规定，那就是没有认真检查过的内容，绝不轻易地读给公众听。每天，狄更斯会把写好的内容读一遍，去发现问题，然后不断修改、润色，直到自己感觉完美了再读给公众听。另一位是法国小说家巴尔扎克，他也是在写完小说后，花上一段时间不断修改，直到最后定稿。这一过程往往需要花费几个月甚至几年的时间。正是这种不断自我反省、自我修正的态度，让这两位作家取得了非凡的成就。

陶渊明说过："悟以往之不谏，知来者之可追。"父母在教会女孩各种能力的同时，一定要记得教会她们自我反省。通过自我反省来检查自己行为中的不足，及时地反思自己失误的原因，只有这样，女孩才能够不断地完善自我，不断成长。也只有善于自我反省的人，将来在事业上才能取得成功。

那么，父母应该怎样帮助女孩培养自我反省能力呢？

### 方法一：

不直接对女孩的错误横加指责。

在孩子做错事情的时候，父母不要发火，更不要对孩子横加指责。如果父母这样做的话，孩子会比较反感，会对父母产生抵触情绪，这样孩子光顾着和父母生气了，她的内在智力的发展就会受到限制。反之，如果父母比较冷静，能够从侧面引导孩子去看问题，让孩子进行自我反省，这时，孩子就会意识到自己的错误。

### 方法二：

让女孩学会接受批评。

法国心理学家高顿教授通过一项专题研究证实，那些难以接受批评的孩子，长大后大多会对批评持"避而远之"或干脆"拒之门外"的态度。所以说，父母应该在孩子小的时候就让她学会接受批评。尽管每个孩子都喜欢听别人的表扬，很讨厌别人的批评，但是能够让孩子学会坦然接受批评，不仅能够塑造孩子完美的人格，而且对她的成长是有好处的。因此，父母应该适当地批评孩子，这样既提高了孩子的心理承受能力，也让孩子通过别人的批评来反省自己的不足之处，从而及时地改正自己的错误。

## 方法三：

让女孩学会承担自己犯错的后果。

不少父母在孩子犯了错误之后，怕孩子难过，常常会替孩子去承担犯错的后果。这样做会让孩子觉得自己是局外人，会丧失责任心，不利于培养孩子自我反省的能力。因为不能自我反省，孩子下次还是会犯这样的错误。父母应该让孩子去承担自己做错事的后果，孩子通过承担自己的责任，会意识到自己的错误，会自我反省，这样下次她就不会再犯类似的错误了。

## 方法四：

让女孩学会总结经验教训。

总结经验教训，事实上就是对自我行为的一种反省。例如，当一个孩子用自己的方法解答一道数学题做错了之后，她会想，看来我的方法确实不行，我是不是还可以寻找更好的解题方法呢？这就是说，孩子对自己的行为有一个预先的评价，看看结果是不是和她想的一样，如果结果是她想的那样，她就会照着做，如果不是，她会总结经验教训，来寻找其他的解决方法。所以，当孩子失败时，父母应该让她自己去总结经验教训，可以引导孩子想想按照父母的方法做，结果会是怎么样的，不要挖苦孩子，这样孩子会比较乐意接受，会认真地反思自己。如果一个孩子学会了经常总结经验和教训，她就会自觉地进行反省，从而不断地进步。

第七章

# 富养能力

## ——打造新时代的才女

### 自信让女孩一路畅通

9岁的媛媛是个沉默寡言的孩子。在课堂上，媛媛从来不主动举手发言，有时候被老师叫起来发言，她会很紧张，脸通红通红的，说话也结结巴巴的。有时候越心急，越想表现好点，媛媛就越说不好，越是说不出话来。

在和同学们一起玩游戏或者参加活动的时候，同学们都开心地有说有笑，只有媛媛不怎么说话，有同学主动找她说话，她也会脸红。在小组讨论的时候，媛媛大多数情况下是在充当听者，她发言的时候比较少，有时候事先想好了怎么说，可是轮到她的时候，她却不能流利地表达自己的想法，说得磕磕巴巴。

班上不管是举行文艺活动还是班干部竞选，媛媛总是忠实的听众，她是不会参加的。其实并不是她不想参加，而是她觉得她的语言表达能力太差了，怕同学们笑话，心里有点自卑。

虽然说女孩子天生就有语言优势，但无论是在生活中，还是在学校里，我们都会发现像媛媛这样不善表达的孩子：在课堂上，一回答老师的提问就心慌，所以她从来不主动发言；在和人交流的时候，她总是默默充当听众，不善于主动表达自己的想法；有时候让她讲一个小故事，她明明是会的，可是却讲得断断续续。

不少父母可能对此不以为然，在他们看来，只要孩子学习好就行了，语言表达能力并不重要。只要孩子学习好，将来就一定会有出息，真的是这样吗？当然不是，现在是一个信息化的社会，信息的传播需要人们的合作和沟通，而合作和沟通都需要人们善于交流、善于表达自己的想法。所以说父母必须重视女孩的语言表达能力。

再者，语言是思维的工具，语言的水平往往标志着思维的水平。语言发展水平是鉴别孩子智力高低的一个重要标志。心理学研究表明，儿童期是发展口语的最佳时期，抓紧这个时期，逐步让孩子养成良好的语言习惯，是发展智力、口头表达能力、理解知识能力的前提，将让孩子受益终生。

在前面我们已经提到过，与男孩相比，语言是女孩很早就显示出的天赋之一。由于大脑结构的差异，女孩通常能够比男孩更早、更生动、更流利地使用语言。但如果父母不能很好地给予激发和培养，女孩的表达能力也不会太强，天赋便无法显现出来。

当代西方一些人士，把口才、金钱、电脑视为人的“三大武器”，而口才则位于三大武器之首。心理学家卡耐基有一个著名论断，现代成功人士80%都是靠一根舌头打天下。也就是说，作为一种交流的工具，在和别人交往的时候，能否恰当地使用语言，是一个人交往成败的关键。对孩子来说，一个会说话的孩子，往往会赢得老师、父母、同学和朋友的尊重和喜欢；而一个语言表达能力不佳的孩子，不仅不能让人看到她的亮点，往往一不小心，还会因为说错话而得罪人，让人不喜欢她。所以说，父母千万要重视女孩口头语言表达的问题，不可忽视对女孩说话能力的培养。培养女孩的语言表达能力对她的未来发展有着不可估量的作用。那么具体来说，父母应该怎么做呢？

### 方法一：

注意丰富女孩的词汇。

当孩子刚开始说话的时候，父母就要注意丰富孩子的词汇，比如说家里的柜子、床、桌子和院子里面的花草树木，父母都要用正确的发音告诉孩子这些事物的名称。然后再让孩子对每个事物的组成部分进行仔细地分辨，比如形状、颜色等等，这样可以丰富孩子的词汇。

### 方法二：

给女孩讲故事，并且引导她复述。

孩子都比较喜欢听故事，父母可以在自己有空的时候给孩子念一段小故事，念完之后，有意识地引导她复述。尽管孩子复述的时候可能会磕磕巴巴，或者复述得不正确，但是不要打断她，孩子说错的地方也不要急于纠正，免得打击孩子的信心。当孩子讲完之后，先表扬孩子讲得不错，然后再开始具体纠正孩子的不足之处，这样才能强化孩子的语言表达能力。

### 方法三：

家长平时要和女孩多交谈。

交谈是语言活动中最基本、最简单、内容最丰富的一种。父母平时要和孩子多交谈，要创造一种自然轻松的交谈氛围，交谈的内容要广泛。多向孩子提一些问题，由孩子自己来表述；当孩子表述出现困难时，换个角度进行提问，或是给出一些提示，切忌粗暴地打断或是由家长“代劳”。要与孩子保持平视的姿势，耐心地倾听孩子的话语。因为交谈的气氛很融洽，孩子就会爱上这种交谈。长期生活在这样一个良好的语言环境中，孩子运用语言就会既准确又规范。

### 方法四：

尽早向阅读过渡，培养阅读习惯是关键。

阅读是发展语言能力的加速器，是提高口头和书面表达能力的重要途径。所以父母要想让女孩真正地掌握语言，就要培养她阅读的良好习惯。阅读可以先从亲子阅读开始，父母和孩子共读一本书，孩子长大些之后还可以和孩子互相交流看法。在孩子小的时候，应该给她选择插画书，字少画多；等孩子识字增多的时候，就可以给她选择字多画少的书。经过阅读，孩子既增加了词汇量，又积累了不少知识，语言表达能力不知不觉就提高了。

## 应变能力——机智的女孩不吃亏

前天晚上，妈妈吃过饭之后，临时去单位加班，而爸爸这几天在外地出差，家里就剩下欣欣一个人了。妈妈嘱咐她先把作业写完，不要看电视，自己一会儿就回来了。欣欣就一个人安心地在家写作业，谁知道，半个小时后小区里面突然停电了。当时，欣欣吓得不知所措。她只能放下笔，坐在椅子上等妈妈回来。谁知过了20多分钟，还没有来电，整个小区都是一片漆黑，欣欣觉得很害怕，她也不知道该怎么办，于是就开始哭，越哭越害怕。

妈妈加完班，匆匆赶回来了。一进小区，就发现一片漆黑，问了保安才知道，因为电路突然出了故障，小区里面已经停电一个小时了，现在正在检修，估计还要一会儿才能来电。于是，妈妈赶紧跑回家，因为她担心欣欣。

妈妈刚一开门就听见欣欣的哭泣声，吓了一跳，还以为孩子出了什么事情。妈妈叫了她一声，赶紧拿蜡烛点上，这才看见女儿一直坐在书桌旁哭泣，衣服都被哭湿了。看见妈妈，欣欣赶紧跑过来，抱着妈妈哭。妈妈安慰了半天，她才停止了哭声，还一个劲儿地对妈妈说自己害怕。

妈妈看孩子这样，很惊讶，不过想想也是，小区里面很少停电，尤其是晚上，孩子一个人在家，难免会害怕。妈妈问欣欣怎么不给自己打电话。欣欣说，自己根本就没有想到给妈妈打电话，一停电，她就觉得很害怕，等了半天妈妈还是没有回来，她就吓得哭了起来，自己根本不知道该怎么办。

听完欣欣的话，妈妈的心里增加了一丝忧虑，这孩子虽然学习好，可是应变能力太差了，就这么点小事就束手无策，以后遇到大事或者危险，她该怎么办啊？

生活中，我们确实会发现有很多像欣欣一样缺乏应变能力的孩子，就是停电这样的小事，她们也处理不好，更不要提遇到火灾或者地震这样突发性的紧急事件了。

那么，什么是应变能力呢？所谓应变能力，就是能适应瞬息万变的世界，面对与原本想象的情况完全不同、已经发生了巨大变化的情况还能适应的能力。

为什么现在不少孩子会缺乏应变能力呢？因为家里只有一个孩子，孩子是家庭的希望和未来，无比金贵，父母总希望为她遮风挡雨，希望给她营造一个和谐美好的成长环境。还有不少的父母只注重孩子的智力

投资，而忽视了对孩子的生存教育，他们对孩子生活的各个方面都进行“代劳”和“包办”。小学时天天接送，中学时还不会洗衣服，不会做家务活，考上了大学还要大人们亲自送到学校。这些都是因为在生活中，父母对孩子过度呵护，让孩子形成了依赖，所以应变能力很差。这样的孩子，就好比温室里面的小花，在暴风雨突然来袭的时候，只会坐以待毙，不知道该怎样躲避风雨，更经受不起暴风雨的洗礼。

父母应该重视培养孩子的应变能力，这是孩子的生存能力之一，特别是女孩，常常会遇到意想不到的情况。而一个懂得灵活应变的孩子，不管遇到什么样的环境和紧急情况都能及时地应对，能够沉着而不失理智，从而保证自己的安全。这样的孩子才具备做大事的能力，才能够在激烈的社会竞争中立足。那么，父母应该怎样来培养女孩的应变能力，使她不管是在生活中还是在学习中，以至在将来的工作中都不吃亏呢？

### 方法一：

父母要通过自身的冷静、理智来影响孩子。

在日常生活中，有很多的突发问题，比如妈妈在切菜的时候，突然切到手，这时候如果妈妈疼得大叫，那么将来孩子也会这样；如果妈妈很平静地看待自己的伤势，并且让孩子帮自己去常备药箱拿创可贴，那么孩子以后遇到这样的事情也会变得冷静。在晚上突然停电的时候，到处一片漆黑，如果妈妈能够很冷静地打开手机照明，找到蜡烛，然后点燃，让房间里面变得明亮，孩子以后即使一个人在家，也会照着大人的样子去做，而不是吓得瑟瑟发抖，六神无主。当孩子不小心打破了玻璃杯，父母不是去责骂她，而是立即清理地上的玻璃碎片，那么孩子以后遇到这样的情况也会立即做出反应的。这些事情我们在生活中都会遇到，如果父母能够冷静、平和地处理，孩子就会受到父母的影响，遇到类似的事情不会惊慌无助，而是很冷静地处理。

### 方法二：

培养女孩对突发事件的处理能力。

由于孩子还小，对生活中的很多人和事自己都不能辨别，这就需要大人的引导和教育。比如说一天孩子放学的时候，在校门口等待接她的爸爸妈妈，正在这时候有位陌生的叔叔或者是阿姨说是代替她的爸爸妈妈来接她，这时候孩子该如何反应呢？如果生活中父母给孩子灌输一些不要相信陌生人、小心人贩子之类的话，孩子这时候就会突然意识到自己是碰到坏人了，不会相信他们。如果父母从未告诉过孩子这些，那么这时候孩子就可能会上当受骗。所以说，只有大人事先对孩子进行教导，有意识地给孩子讲一些社会中的不良事件，让孩子知道哪些人是坏人，不可相信，这样在突然事件来临的时候，孩子才能够正确地进行判断，沉着应对，并随机应变，想办法脱险。

### 方法三：

要教给女孩一些应变的技巧和方法。

如果孩子缺乏应变能力，有时候很简单的一件事情，她也会被难住的。比如说，一天孩子放学回家突然找不到钥匙了，而爸爸妈妈都在单位加班，很晚才能回来。这时候孩子该怎么办呢？在门口等，还是去邻居家先写作业，还是去爸爸妈妈的单位找他们拿钥匙呢？这就需要女孩掌握一些应变的技巧和方法。如果爸爸妈妈的单位离家比较远的话，就先去邻居家，并且在门口给爸爸妈妈留个小纸条，让他们回来去邻居家找自己，不管怎样也不应该站在门口等。在遇到坏人的时候，不能和他们蛮斗，而应当智斗。因为蛮斗的话，孩子一定不是他们的对手，而智斗的话，孩子则可能会平安地逃脱。所以说父母应该教给女孩一些应变的技巧和方法，这样当危险或者意外发生的时候，孩子才能够平安顺利地逃脱。

### 方法四：

让女孩多参加一些富有挑战性的活动。

父母可以有意识地让孩子去做一些对她来说有一定难度的事情，或者是让她去参加一些富有挑战性的活动。比如一个女孩胆子很小，父母为了锻炼她的胆量与应变能力，有意识地让她去做一些稍微有难度的事情，可能第一次孩子很胆小，刚开始不知道怎么办，在父母的指导下完成之后，就积累了信心；第二次做的时候胆子就大多了，后面随着信心的积累，会越来越好。而孩子呢，在挑战中，在实际操作中，通过自己积极思考、动手实践，应变能力会在不知不觉中得到锻炼与加强。

## 理财能力——女孩不但要有才还要有财

春节期间，爸爸妈妈和亲戚们给瑶瑶的压岁钱有1000多块，尽管妈妈一再要求瑶瑶把钱存起来，但是她最终还是没有存。结果开学不到一个月，瑶瑶就问妈妈要零花钱。妈妈大吃一惊，问瑶瑶压岁钱哪里去了，她说自己都花完了。妈妈问瑶瑶的钱是怎么花掉的。瑶瑶告诉妈妈自己买了一个500元的MP4，请4个好朋友吃了一顿饭花了300多元，前几天自己的一个好朋友过生日，她送给朋友一个200多块钱的小礼物，今天自己又买了几样好看的饰品，现在她身上就只剩下不到10块钱。

听完瑶瑶的话，妈妈十分伤心，心里暗暗自责，自己一味地要求女儿成绩好，没有想到孩子的理财能力这么差。如果再不注意培养女儿的理财能力，以后的问题会更严重。妈妈在心里暗暗感叹，看来得改变自己的教育观念了。

其实，瑶瑶并不是个特例，因为放眼我们的身边，不会理财的孩子真的很多。有些孩子，心里根本没有金钱的观念，只知道伸手向父母要钱，却不知道钱是怎么来的；有些孩子每个月父母给的零花钱根本不够花，还不断地向父母要钱；有些孩子买东西的时候根本不看价格，自己喜欢的就要买，不管实用不实用。

的确，随着人们生活水平的提高，父母不仅舍得为孩子花钱，他们给孩子的零花钱也越来越多。但是，不少父母忽视了对孩子进行理财教育，忽视了培养孩子的财商。因为这些父母认为，等孩子长大了她们自然就知道该怎么花钱了，孩子过早接触金钱，说不定会形成金钱至上的观念，所以孩子离铜臭味越远越好。

其实，从小培养孩子的理财意识与能力是非常重要的，孩子只有有了正确的金钱观，她才能理智地花钱。父母也不要以为孩子小就不理解金钱，孩子都是充满着好奇心的。儿童心理学家指出：孩子对金钱的兴趣可以说是与生俱来的，早期的金钱教育对儿童树立一个正确积极的金钱观、形成良好的理财习惯与技巧有着不可估量的潜在作用。

专家认为，培养孩子理财能力的关键期是 4 ~ 14 岁。如果早于 4 岁，孩子的认知能力没有达到，教育起不到很好的效果。如果过了 14 岁，孩子已经有意无意地通过各种方式建立起了自己的理财习惯。这时候，父母再让孩子接受新的观念，就常常面临“江山易改，本性难移”的局面。

在培养孩子的财商方面，我们的父母应该向国外的父母学习。在美国，父母们把理财教育称之为“从 3 岁开始实施的幸福人生计划”；在英国，孩子 5 岁时便开始接受理财教育，7 岁开始学习管理自己的钱，11 岁开始学习如何提高个人理财能力。



父母应该注重从小就培养女孩的理财能力，让她不但成为一个才女，还要成为一个新时代的财女。那么具体来说父母应该怎么做呢？

### 方法一：

满足女孩的合理需求，并帮助她树立储蓄观念。

父母一般都会尽可能地满足孩子的需求，只要孩子学习好，一些过分的需求也能得到满足。孩子的零花钱花完了，只要开口要，父母就会给。有些父母会给孩子买各种各样她想要的东西，甚至毫不吝啬地花大钱买奢侈品，这样孩子就会养成乱花钱和好逸恶劳的个性。正确的做法是，父母应该教导孩子节约用钱，把自己的零花钱省着用，积攒到了一定的程度，父母可以带着孩子一起去银行专门开设一个属于她个人的存款账户，存折最好让她自己保管。有了这个账户后，不管存钱或是取钱，都要让孩子全程参与，要教孩子看懂存折，让她明白存款和利息之间的关系，这样还可以让孩子感受到储蓄的魅力，从而让她养成节约用钱的习惯。

### 方法二：

让女孩学会记账，学会管理自己的金钱。

父母可以让孩子准备一个专门的账本，把她每次的消费记在里面，不管消费多少，每一笔都要清楚明白地记下来。每过一段时间，父母要检查一下孩子的账本，告诉她哪些钱其实是可以节约下来的。这样指导孩子一段时间之后，她就会改掉自己乱买东西、乱花钱的习惯。此外，父母应该每个月给孩子一定的零花钱，让她自由地支配，花完了就不再给她。父母一定要坚持自己的原则，不能心软，一定时间之后，孩子就知道了应该严格控制自己的支出，不乱花钱，不然钱会不够花。

### 方法三：



告诉女孩家庭收支的具体状况，让她参与家庭消费决策。

不少父母觉得孩子还小，没有必要告诉她家里的经济情况，这样孩子总是觉得自己的父母很有钱，就会乱花钱。其实，父母应该告诉孩子，自己每个月能挣多少钱，每个月吃、穿、用、行这些基本的生存要花多少钱，让孩子算算还能结余多少钱。这样孩子心里就有数了，原来自己的爸爸妈妈每天辛辛苦苦上班，在扣除基本的生活费用之后就所剩无几了，这样她在花钱的时候，就会省着花。在买一些家用电器或者一些其他的大件家庭必需品的时候，可以让孩子一起参与消费决策，这样还可以培养孩子的家庭责任意识。

### 方法四：

向女孩解释消费决策过程。

美国家庭经济学专家吉奥廷博士说，不光要指导孩子如何做预算和省钱，还要指导孩子如何聪明地花钱。比如说父母带孩子一起去超市，正好看见一件不在预算之内的物品在打折或者是做特价，能省下不少钱，这时候可以买下来。父母可以及时告诉孩子自己的消费决策，这件东西自己看了好久，这次正好做特价，可以省下一些钱，所以还是可以买的。这样孩子就看到了父母灵活用钱、聪明花钱的过程，自己以后也能学着点。

## 动手能力——女孩也可以和男孩一样能干

6岁的佳佳今年上小学一年级，一天放学的时候，奶奶去学校接佳佳回家，在校门口等到所有的孩子都要走完了还没有看见佳佳的人影。奶奶觉得很奇怪，就去佳佳的教室找。谁知，刚走到佳佳的教室门口，就发现佳佳手里拿着一把扫帚，站在那里哭泣。奶奶问佳佳怎么了，佳佳说，今天轮到自己值日，她不知道怎么扫地，怎么也扫不干净，其他值日的同学完成任务都走了，就剩下她一个人了。

14 岁的艳艳是一名初中二年级的学生，爸爸因为工作忙，常年在外地出差，一天，妈妈因为工作需要也要出一个星期的差。走之前，艳艳给妈妈保证得好好的，说会照顾好自己。谁知，等妈妈出差回来，一进房门，就被吓了一跳：只见客厅的地上到处都是瓜子皮、饼干屑、方便面袋、饮料瓶；洗衣机上面扔的都是艳艳换下来的脏袜子、脏衣服；房间里面也是一团乱，床上被扔得乱七八糟的。妈妈只好硬着头皮开始收拾。等艳艳回来，妈妈问她这几天是怎么过的，谁知道她说，自己本来想煮方便面吃的，可是却打不开天然气的火，所以饿的时候就吃零食，有时候去外面买吃的。

看了上面两个孩子的表现，我们不禁要感叹，孩子的这些表现该多让父母担心。是的，动手能力差，不仅仅是佳佳和艳艳的缺点，还有很多像她们这样的女孩。我们会在自己的生活中或者报纸上看到不少这样的事例：6 岁的孩子鞋带散了不会系，急得直哭；9 岁的孩子不会穿衣服，闹出将内衣当外衣穿的笑话；10 岁的孩子要妈妈喂饭；15 岁的孩子不会扫地；18 岁的大学生，自理能力差，需要妈妈陪读……

父母在抱怨孩子动手能力差的同时，应该反思一下，自己是怎么要求孩子的。现在不少父母，只想让孩子“一心只读圣贤书”，平时简单的家务劳动都不让孩子做，全部都是自己揽着。这样自己吃了苦、受了累不说，最重要的是，孩子的动手机会被剥夺了。

教育家陶行知先生说过：“教学就是一件事，不是三件事。我们要在做上教，在做上学。”做，就是要动手去体验，体验生活，体验知识，体验社会。并不是心灵手才巧，而是手巧才能更聪明。因为灵巧的手是一个人大脑发育良好的标志之一。在大脑中支配手部动作的神经细胞有20万个，而负责躯干的神经细胞却只有5万个，可见大脑发育对手灵巧的重要性，而手动作的灵敏又会反过来促进大脑各个区域的发育。这就是人们常说的“眼过千遍，不如手做一遍”。

也就是说，让孩子动手，可以锻炼她的很多能力，孩子在动手的过程中，大脑思维得到锻炼，责任感也能得到提高。一个动手能力差的孩子，往往会陷入一个恶性循环的圈子。在和同学交往的过程中，孩子会同周围的人比较，由于动手能力差，孩子会觉得自己不如别人，这样她就不愿意动手做，体现在学习上就是不愿意做作业。而一个孩子不亲自动手实践的话，等到她要真的去做一件事情时，就会根本不知道从哪里下手，虽然看别人做起来很简单，但是自己就是不会。这将会给孩子的学习和生活带来极大的困扰。

所以说，父母应该从小就开始培养女孩的动手能力，这样她会觉得自己和男孩一样能干，在激烈的社会竞争中，不会自卑，会积极努力地去开辟属于自己的一片天地。

那么父母应该怎么做呢？

### 方法一：

在日常生活中培养孩子的动手能力。

孩子从一出生就有了“自己来”的强烈愿望：从蹒跚学步开始，到学吃饭、学穿衣，哪怕饭菜掉了一地，衣服穿反了，也不愿意让大人代劳，坚持自己来。这正是孩子在实践中学习用自己的双手去生活，一步步走向成熟的表现。所以父母在日常生活中，可以借助孩子的这一特征来培养她的动手能力，而不要一味地溺爱孩子，对孩子的生活大包大揽，让她养成饭来张口、衣来伸手的坏习惯。父母可以刻意锻炼孩子，让他自己倒水喝、用筷子吃饭，自己扣纽扣，学习擦桌子扫地，自己整理房间等。在动手劳动的过程中，孩子会感到快乐，会感到精神上的满足，这种满足感会进一步促使她热爱劳动，养成习惯。这样既锻炼了孩子的动手能力，也锻炼了孩子的自理能力，还让孩子养成了爱劳动的好习惯，一举三得，何乐而不为呢？

### 方法二：

为女孩提供必要的劳动条件。

随着孩子年龄的增长，其独立意识越来越强，越来越渴望自己动手。因为孩子还小，有很多事情还是她的能力所不及的，这时候，父母应该为孩子创造一些特殊的劳动条件。比如说孩子个子矮、力气小，可以为她准备专门的小桌子、小板凳；孩子的图书、玩具、衣服都要放在很低的地方，让她随时可以自己拿到。这样在父母创造的这些特殊条件下，孩子的动手能力就会慢慢得到提高。

### 方法三：

具体指导，技能训练。

在孩子初学一件事情的时候，都需要父母的指导。父母应该多用语言去指导，这个该怎样做、那个该怎样做，可以先给孩子示范一遍，并告诉她一些动作要领。当孩子自己实践的时候，不要动手去帮忙。有些父母在指导的时候，会不知不觉就代替孩子去做，那样孩子将永远也学不会。还有在指导孩子做事的过程中，父母必须要有耐心，因为刚开始学做事的时候，孩子难免会犯错误，会做不好，这时候就需要父母很耐心地指导，而不是着急地发脾气，破坏氛围。有时候在练习的过程中，孩子会在某一阶段停滞不前，心理学上叫“高原期”，在这个阶段，父母要鼓励孩子继续练习，不要放弃，只有持之以恒，才能取得成功。

## 交往能力——现代女孩的必修课

9岁的玲玲是一名小学三年级的学生，很乖巧，学习成绩也不错，但就是不喜欢说话，不爱和人交往。有时候，妈妈带着玲玲一起出去购物或者散步，在路上遇见了妈妈的同事或者朋友，妈妈让玲玲和叔叔阿姨打招呼，她总是不吱声，胆怯地躲在妈妈背后。小区里有玲玲班上的两个同学，但是玲玲从来没有找他们一起玩过。

由于平时很少和同学交流，玲玲也没有朋友，所以周末的时候她总是孤单地窝在家里，没有朋友邀请她一起玩，她也不主动邀请同学一起玩。妈妈不知道跟她说了多少次，要和同学交朋友，主动和他们打招呼，让玲玲给班上的同学打电话，或者是邀请小区里面住的两个同学来家里一起玩，但玲玲就是不肯。妈妈觉得女儿这样，实在是太孤独了，长期下去也不是办法，但是她也不知道该怎样做才能帮助玲玲提高交际能力。

玲玲因为人际交往能力差，无法和其他同学玩到一起，所以她总是被孤立起来或者不能主动地参与到同学们的一些活动中。其实，在我们的生活中，像玲玲这样不善交际的孩子不在少数，从这些孩子身上表现出来的问题也相当多。比如说，有的孩子不知如何去与别人交往，也不知道基本的交往礼节，见了邻居和长辈就会脸红、紧张，不能主动向熟悉的人问好；有的孩子懦弱、胆小，在与他人交往时会感到紧张；有的孩子习惯以自我为中心，常常沉浸在自己的世界中，不考虑他人的感受；有些孩子不喜欢参加集体活动，显得十分不合群。

的确，随着孩子年龄的增长，她们出现的问题已经不再仅限于学习方面，人际关系就是她们要解决的一个十分重要的问题。据某市的调查统计，从小学、初中到高中，孩子们在如何处理同伴关系方面的困惑是逐步递增的，有近两成的高中学生受困于人际交往问题。这也使不少父母觉得十分奇怪，为什么孩子越长大越不善于和人交往，变得越来越孤单了呢？

一方面，是父母对孩子的过度保护和溺爱，因为父母的宠爱，孩子会变得十分自私，做什么事情都不会顾及他人的感受，这就会使孩子被其他孩子孤立起来；另一方面，现在的孩子多为独生子女，与同龄伙伴交往的机会大大减少，孩子之间缺乏交流，这就使得不少孩子不会与人交往；还有一方面，家长对孩子的学习成绩看得很重，而对孩子的人际交往却不重视，他们认为孩子和同学一起玩耍，纯粹是浪费时间，这样也会造成孩子的人际交往能力差。

在现代社会，人们已经把与人交流沟通的能力提升到与智力同等重要的地位。美国心理学家卡耐基说："一个人的成功，30% 靠才能，70% 靠人际关系。"菲律宾大学儿童心理学家马·劳迪斯·卡兰丹认为："一个社交能力低下的孩子比没有进过大学的孩子具有更大的缺陷。"一个不善于交往的孩子，不管她再怎么有才华，也只能"怀才不遇"，同时她的幸福感也会下降很多。而一个善于人际交往的孩子，因为拥有融洽和谐的人际关系，她的幸福感会大大提升，同时她的才能也会得到充分的发挥，能够取得事业上的成功。

现在，人际交往能力已经成了现代女孩的必修课。那么父母应该怎样来帮助女孩提高她的人际交往能力呢？

### 方法一：

创设良好的家庭交往环境。

在家庭中，父母应该创造一种民主、平等、亲切、和谐的交往氛围，每个成员都是家里的一分子，大家都是平等的。尤其是对孩子，不少父母喜欢居高临下地和孩子说话，这样是不对的。父母应该把孩子看做是和自己平等的一员，家庭中的大事，孩子可以知道的应该让孩子知道，适当地让孩子“参政议政”。尤其是涉及孩子自己的问题，更应听听孩子的意见。也许孩子的某些想法还很稚嫩，父母不要嘲笑她，要信任她，因为这样会帮助孩子树立信心。只有这样，孩子不管在任何场合才能自如地和他人交往。

## 方法二：

父母要为女孩提供更多的交往机会。

现在基本上都是一家一个孩子，孩子没有兄弟姐妹，加上居住环境也都是封闭的，这样她的交往范围就比较有限。父母可以鼓励孩子在外面玩耍的时候多交朋友，可以邀请朋友来家里玩；父母也可以带着孩子去亲戚家串门；还可以适当地带着孩子一起去参加活动，让她进入自己的社交圈。家中有客来，可以让孩子参与接待，让座、倒茶、谈话等等，不要一味地将孩子赶走。这样孩子就有更多的和人交往的机会，可以培养她的交往能力，尤其是和同伴的交往，会让孩子感觉到很快乐。

## 方法三：

教给女孩一些交往的技能。

交往也是有技巧的，要想让女孩成为受欢迎的人，在交往中得到快乐，父母应该有意识地教给孩子一些交往的技能。要培养孩子讲礼貌的习惯，学会尊重别人，平等待人。在交往中，让孩子学会使用礼貌用语“请”、“谢谢”、“对不起”等等；遇到与自己意愿相悖的事，要学会协商、谦让，有时候还可以适当地让步；面对别人的错误和缺点要宽容以待；在集体活动的时候，要教育孩子遵守集体规则；当朋友或者同学遇到困难的时候，要主动帮助他们；答应别人的事情一定要做到……只有具备了这些交往的技能，孩子在交往的过程中，才能做到游刃有余，也才会受到更多人的欢迎和喜爱。

## 时间管理能力——惜时高效让女孩的生活更有质量

星期六，爸爸妈妈带着晴晴去公园玩了一天，觉得孩子有些累了，就没有让她写作业。星期天一早，爸爸妈妈就出门去参加活动了，临走时，把晴晴叫了起来，让她先写作业，再玩。

爸爸妈妈走后，晴晴写了10分钟的作业，突然想起来，这时候应该有好看的动画片，她想反正我还有一天的时间可以写作业呢，于是便打开电视看动画片。动画片看完，晴晴觉得时间还早，再看看电视剧吧，结果不知不觉看了两个小时。正在这时候，奶奶打电话叫晴晴去她家吃饭，于是晴晴关上电视准备去奶奶家。去奶奶家要路过一条街道，晴晴边走边玩。20分钟的路，她走过去用了将近一个小时，这时候，奶奶已经把菜端上桌等她了。

吃完饭，表妹叫她去逛街，晴晴不假思索就答应了，作业的事情早抛到九霄云外。两个人在大街上边逛边玩边吃东西，直到天黑了，才意犹未尽地各自回家。等回到家，晴晴才想起来自己的作业还没有写呢，这时候已经是晚上8点了。晴晴赶紧准备写作业，好赶在爸爸妈妈回来之前交差，谁知，这时候爸爸妈妈也到家了。他们一看，到现在晴晴的作业还没有写完，十分生气，觉得这孩子，一点儿时间观念也没有，每次只要父母不监督着，就贪玩，一点儿自觉性也没有。爸爸妈妈不知道批评过她多少次了，就是改不了。



晴晴这一天的生活看起来还挺充实的，好像也没怎么浪费时间，可是，她最重要的事情却没完成。这就是孩子不懂得管理时间的结果。其实，父母可以发现很多孩子都是这样：早晨催促她起床，自己急得不行了，她却磨磨唧唧；晚上放学回家写作业的时候，东瞧瞧西瞄瞄，尽管自己在一旁当监工，还是效率低下；周末，不让她去写作业，她就不知道写，想着其他乱七八糟的事情。这些都是因为孩子不会管理自己的时间，父母跟着操碎了心，但孩子却一点儿也不着急。

我们不管做什么事情，都需要花费时间，没有时间的保证，就不可能将事情完成。英国著名的生物学家赫胥黎曾经说过："时间最不偏私，给任何人都是 24 小时；时间也是偏私的，给任何人都不是 24 小时。"也就是说，时间对每个人来说都是公平的，都是相等的，而那些浪费时间的人，却享受不到时间的公平待遇，那是因为他们自己放弃了时间，而放弃时间的人，时间也会放弃他。中国有句话："一寸光阴一寸金，寸金难买寸光阴。"所以我们每个人都应该珍惜时间，父母应该教导孩子认识时间的重要性，教她学会管理时间。因为一个会管理时间的人，才不会浪费时间，才能体现出时间的价值，才能够取得事业上的成功。一个懂得珍惜时间的人，做事的效率才会高，她的生活质量才会有保证。而那些浪费时间的人，就等于是在浪费自己的生命，也注定其一生将会碌碌无为。

那么父母应该怎样培养女孩的时间管理能力呢？

## 方法一：

教女孩学会分清事情的轻重缓急，清楚地决定优先级。

每个人一天可以支配的时间都只有 24 小时，有时候一天可能有很多需要自己去做的事情，时间有限，而事情又很多，怎么办？这就需要父母教孩子学会分清事情的轻重缓急，来加以取舍。重要的事情先做，不重要的事情后做。把自己要做的事情安排好，时间也要适当分配，对于最重要的事，要分配给它最好的时间；而最不重要的事，则无需分配时间。安排好这些之后，就可以依次开始执行。

## 方法二：

让女孩学会制订自己的“活动时间表”。

凡事预则立，不预则废。要让孩子学会事前妥善安排自己的事情，就需要孩子学会制订自己的“活动时间表”。刚开始的时候，父母可以指导孩子学会安排，等实行一段时间之后，就可以放手让孩子自己安排，毕竟是她自己的事情，父母不要干预太多，否则孩子会反感的。让孩子自己决定自己的作息时间，几点起床、几点去上学、晚上回来几点把作业写完、几点开始看动画片、几点睡觉，都让孩子自己安排，因为是她自己安排的，这样她的心里会有一个时间观念，会要求自己严格地按照作息时间安排去执行。时间长了，孩子自己就会养成科学的生活规律。在孩子刚开始执行的时候，如果她能够严格地按照时间办事，父母就要及时对她进行表扬。

## 方法三：

教孩子学会统筹安排。

会统筹安排的孩子，在同样的时间内能够做出更多的事情，提高时间的利用率和自己的效率。比如，轮到孩子值日的时候，让孩子学会先洒水，然后在等地干的时候，去擦黑板，擦完黑板就可以直接去扫地了，无意间就提高了时间的利用率。还有早晨在等公车的间隙，可以让孩子想想前一天学习的内容，或者是记几个英语单词，不要傻等，这样可以在同样的时间内做完更多的事情。一般来说，刚开始的时候，孩子没有统筹安排的习惯，大多是做完了一件事再去做另一件事情，父母要教孩子学会同时做几件没有冲突的事情，并根据事件的特点与需要的时间学会统筹安排，这样能够节约时间，提高效率。

### 方法四：

让孩子学会掌握好时间期限。

生活中，有很多的时间期限，比如说上课的时间、放学的时间、交作业的期限，还有公交车、火车和飞机的时刻表等等。如果一个孩子不会管理时间，她就会耽误时间，还会给自己带来压力和烦恼。所以说父母应该尽早地让孩子知道时间期限的重要性，并且教她掌握好时间期限。比如带孩子去坐火车或者汽车，一定要提前出门，不要觉得自己去的时间刚刚好，立即就能上车了，不用等。事实上，计划赶不上变化，如果路上遇到堵车的情况，这样时间就会来不及。因此要考虑路上的堵车情况，提前走，反而有利于在最后的期限来临之前，有条不紊地完成任务，达到目标。

# 富养才艺
## ——让女孩德才兼备

### 演奏：给女孩一手绝技

随着人们生活水平的提高，父母都特别重视对孩子的教育。不少父母都在想，就这么一个宝贝女儿，除了孩子在学校正常的上课学习之外，我该让她学点什么呢？于是，父母有送孩子去学绘画的，有送孩子去学书法的，有送孩子去学舞蹈的，还有送孩子去学音乐的，当然还有送孩子去学习演奏的。

而我们这一节重点讲一下关于孩子学习演奏的相关问题。提到演奏，大家就会想到钢琴家、小提琴家们在舞台上陶醉地演出的画面。那么到底什么是演奏呢？演奏就是演奏家利用乐器通过人的操作发出受人们欢迎的音响效果。而这些乐器可以是钢琴，可以是小提琴，还可以是口琴、扬琴、二胡、双簧管、萨克斯等等。不错，对女孩来说，学会演奏一种乐器是很优雅的事情。其实，演奏不仅能提升女孩的气质，更能促进女孩的健康成长。专家研究发现，孩子学习演奏乐器能带来一系列好处：

1. 平衡大脑发展，培养耐心以及定力。

孩子在练习演奏乐器的过程中，左右手都要动，眼睛要看乐谱，耳朵要听，脑子里还要记乐谱、背乐谱。这样，大脑的左右两个半球都被调动起来，左脑和右脑同时工作，既调动思维又调动动作，还能够平衡大脑的发展。而且在这种一心多用的状态下，孩子无法再分心于别的事情，这对培养孩子注意力的集中也是大有好处的。

2. 可以开发智力，自娱自乐。

孩子在学习演奏乐器的时候，能够同时调动逻辑思维和形象思维，能有效开发孩子的智力。同时，在孩子闲暇的时候，还可以通过演奏来获得乐趣。

3. 学音乐的孩子不会学坏。

台湾教育界有句名言，“学音乐的孩子不会学坏”。其实通过观察我们可以发现，我们身边乐器学得好的中小学生，往往也是学校里成绩较优秀的学生。

4. 提升孩子的自信心，无形中培养了孩子的合作和团体意识。

学习乐器，能够提升孩子的自信心。此外，学习乐器到了一定的水平，孩子能够参加演奏的话，可以在无形之中培养孩子的合作和团体意识。

了解了这些，估计父母更是希望孩子能够学会演奏一两样乐器。但是在音乐启蒙阶段，究竟该帮女孩选择哪种乐器呢？是键盘乐器还是吹奏乐器？是民族乐器还是西洋乐器？让我们来看看教育专家的建议。

儿童音乐教育专家认为，就孩子的生理特征和认知特点而言，应优先选择键盘乐器，比如钢琴、电子琴等。5 岁以下的孩子，肺活量小，学习吹奏乐器有困难，开始最好不要选择这类乐器，还要尽量选择便于携带的轻型乐器，以便孩子可在各种场合表演。建议首先学习西洋乐器，因为西洋乐器用的是五线谱，可以与国际接轨，以后转学民族乐器识简谱就容易得多了。

那对女孩进行音乐启蒙的最佳时期是在什么时候呢？从孩子智力发展和身体发育的情况来看，3～4 岁的孩子学乐器早了些。5 岁左右可以开始学钢琴、电子琴、手风琴等键盘乐器，而学习弦乐器，如小提琴、二胡等，应该在 6 岁左右。因为，孩子如果年龄太小，注意力很难集中，无法掌握基本的学习规则，不利于教学。一般来说，学习键盘乐器一年，基本掌握了音准和节奏感后，再转学弦乐器会更好。

那么，女孩刚开始学习演奏乐器的时候父母要注意些什么呢？

一、父母要尊重女孩的兴趣。

在众多的乐器中，父母可以让孩子多接触一些乐器，让她自己去感觉，而父母要通过自己的观察和与孩子的交流来知道她到底喜欢哪一种或者哪一类的乐器。只有能引起孩子兴趣的乐器，她才能学下去，才能学好。

二、要看女孩自身的素质。

每一种乐器都有其自身的特点，因此它们对演奏者自身素质和条件也有不同的要求。譬如学习二胡或小提琴最好是手指尖粗圆，俗语说“长得敦实”，这样的指尖按音效果好；当然手指长一点更好，特别是小指——小指的指尖至少要达到无名指第一关节线（即指尖关节线）；演奏钢琴需要有修长的手指；学习弹拨乐器，像琵琶、柳琴等，最好是细长的手指，因为这样的手指在乐器上按音与换把会占优势；学习扬琴、木琴等乐器，最好是手腕动作较松弛与灵巧，俗语说“先天有腕子”，腕子的灵巧在击弦或击板上会占优势。当然这些要求也不是绝对的，只是如果女孩的身体条件达到了这些要求，那么学习起来就会轻松一些。

三、要帮助女孩建立一个学习制度。

相信有不少父母都碰到过在学习乐器的时候“虎头蛇尾”的孩子，孩子刚买了乐器有新鲜感，可练习几次之后就失去了兴趣。那么怎样才能让孩子做到持之以恒呢？父母有必要帮助孩子建立一个学习制度。这个制度的内容是：对初学的孩子，每次 20 分钟左右，每天多练几次；在孩子练习的过程中要按时督促，要求孩子在练习的时候必须认真，不可三心二意，这样效率才会高；制订学习进度，以周为单位要求孩子必须完成布置给她的作业量。

四、不要急于求成。

父母和老师都应该明白，孩子毕竟是孩子，要协调好动眼、动脑、动口、动手、动心，既是技术又是艺术，对孩子来讲是很不容易的，要指导她慢慢地来。还有些父母比较注重孩子学习的结果，通过用考级来衡量孩子学习的好坏，这样会使孩子感到乏味，会增加她对乐器学习的抵触心理。父母应该重视孩子学习的过程，将技能训练和兴趣的培养相结合，只有这样孩子才能更好地学习，才能学有所成。

## 歌唱：让女孩成为人人夸奖的百灵鸟

音乐作为一种声音的艺术，有其特有的魅力。在音乐中，歌唱是其中的一种音乐手段，也是一种很好的情感表达方式。一个喜欢歌唱、喜欢音乐的孩子，不仅会拥有更多的快乐、拥有更多的和朋友交往的机会，同时也是顺应时代和社会发展的一种需求。

我们时常会看到孩子们在高兴的时候，嘴里哼着一些熟悉或是不熟悉的调子。是的，歌唱不仅能给孩子带来快乐，更能带来其他很多好处。美国歌唱教师协会曾经出版过一个小册子，列举出12项理由，说明歌唱活动的有益之处：

1. 歌唱对健康有益。它可以促进深呼吸，从而使肺部得到发展，并清洁了血液。

2. 歌唱促成了好的身体姿势和优美的形体动作。

3. 歌唱有助于面部表情的丰富和思维的活跃。

4. 歌唱可以培养沉稳的性格和增强自信心，并有利于发展克服困难的精神。

5. 歌唱可以提高一个人的讲话能力，丰富言谈的音调并改善其读音。

6. 歌唱可以增强记忆力与锻炼思想的集中。

7. 歌唱通过对诗与散文的深一层的认识，可以提高对语言文字的领会能力。

8. 歌唱培养了对声乐艺术的欣赏能力。

9. 歌唱促进了对一般音乐的兴趣，特别是声乐作品。

10. 歌唱是一种理想的探索，有助于个性的形成。

11. 歌唱有助于情感的通畅，这是形成个性表达的一个重要因素。

12. 歌唱是一种自娱的方式。

不少父母受此启发，打算送自己的孩子去接受正规的歌唱训练。不过该何时送女孩去接受系统的歌唱训练呢？大多数专家建议，送女孩去接受严格的声乐训练，应在变声期结束后进行。一般情况下，女孩变声期在11~13周岁。不过，也有些专家认为，6~14岁是学习歌唱的最佳年龄段，6岁以上的女孩就可以进行声乐的初级训练。我们认为，由于每个孩子的情况不同，在什么时候学习歌唱好，应该听从有经验的声乐老师的意见。

不过，女孩要学好声乐还必须具备一定的条件。首先是要具备一定的音乐素质，比如敏锐的听觉、鲜明的节奏感和良好的音乐感觉，一个人的音乐素质有先天的因素，也有后天的培养，而后天的培养是主要的。

当然，歌唱离不开嗓子。一般人认为，学习歌唱必须要有一副天生的好嗓子，其实这也不一定，好嗓子是学习歌唱的有利条件，但有好嗓子不一定就能学好声乐，而许多成功的歌唱家在训练前并未显示出拥有天生优美的声音。歌唱同说话的生理条件是完全相同的，只是说话发音是下意识的“自然”发音，而歌唱发声是有意识的“非自然”发声，运用科学的发声方法有意识地锻炼发声器官，是可以从下意识地说话达到有意识地控制自如的歌唱发声状态的。因此，凡是会说话的人，只要具备了一定的音乐素质，就可以学习歌唱。

还有一点就是歌唱必须具备音乐的基本知识和技能，包括视唱练耳、乐理知识、键盘乐器基础。视唱练耳是学习音乐的基础，要准确地听辨和视唱出音阶、音程、节奏、旋律必须学习视唱练耳；乐理也是学音乐的基础，学好相应的乐理知识，才能唱准、唱好歌曲；键盘乐器和乐理知识的学习是相辅相成的，有了一定的键盘基础才能进行听觉训练和视唱练习，而发声练习等都离不开键盘乐器。

歌唱是一门艺术，要想提高孩子表现歌曲的能力，应对她进行唱歌技巧的训练，那么孩子在歌唱练习的过程中要注意些什么呢？

### 一、多进行咬字练习。

练习正常、自然、平和、冷静地咬字，目的是为了解决由于情绪变化使声带、腔体紧张的问题。需要注意的是孩子在练习咬字时情绪既不能急躁又不能懒散，要心平气和，这种练习只要进行数周的时间，就可以形成共鸣状态。

二、多注意语气。

语气就是指说话的“方向感”，语气的练习既是为了音乐的真实表现，也是为了声音的“高位置”。让孩子进行语言和语气的练习，就是要把唱歌当说话一样自然，这样才能保证呼吸、共鸣的正确。

三、不要把声乐学习方法化。

实际上声乐的总体状态就是一个整体的情绪调整。也就是说，当孩子找到情绪时，就等于找到了演唱的方法，对于情感丰富、性格活跃的孩子来说，可以在极短的时间里取得良好的效果，这是仅仅通过练习无法达到的。

四、练习要循序渐进、持之以恒。

有些孩子学习歌唱的时候，吃不了苦，刚开始的时候，还能坚持，时间久了，觉得枯燥无味，就想放弃了。父母和老师应该引导孩子通过一个循序渐进的过程来学习，而不要企图高标准、严要求，让孩子什么都会。最主要的是，让孩子能够持之以恒，这样才能出成绩。还有一点就是要寓教于乐，这样的方式可以让孩子学得比较开心，能够激发她的兴趣。

## 舞蹈：长袖善舞使女孩灵动优美

现在，随着我国文化事业突飞猛进的发展，舞蹈艺术也越来越多地走进人们的生活，在良好的文化艺术氛围中，很多孩子都对舞蹈艺术产生了浓厚的兴趣。特别是对于女孩子来说，很多父母都支持她学习舞蹈，学习舞蹈能给女孩带来很多的好处：

1．学习舞蹈可以锻炼形体。通过舞蹈训练，孩子可以锻炼出站得直、不驼背、不端肩的优美形体，还可以培养她优雅的举止，并且增强她辨别美丑的能力。

2. 舞蹈的韵律与节拍可以提高孩子的音乐感和节奏感，从而感受事物发展的有序性，增强她的学习创造能力。

3. 练习舞蹈可使孩子的身体器官变得灵活敏锐，增强思维能力，有益发展智力。同时舞蹈可使孩子感受积极、健康、乐观的思想感情，可以培养孩子的自信心。

4. “力量型”的舞蹈，可以培养孩子勇敢、豪迈和积极向上的进取精神，锻炼孩子的意志力；“抒情型”舞蹈，可以陶冶情操，使孩子在练习中获得美的享受，并增强对美的理解。

5. 舞蹈可以健身，能使身体处于良好的健康状态，促进精神活动，使身体生长匀称，提高身体素质。

不过值得注意的是，并不是每一个孩子都适合学习舞蹈。因为每个孩子的身体素质和个性不一样，比如说，进行芭蕾舞基础训练的时候，力量都在腿和脚上，这会让腿部变得非常结实，从某种程度上来说，两条腿看上去会显得更粗。这就要求学习芭蕾舞的孩子一定要双腿很修长，这样才可以保证腿在长了肌肉后，看上去仍然很修长、很美。比如性格太内向、太“含而不露”的孩子不容易学好舞蹈，因为舞蹈需要激情，如果太内敛的话，爆发力不够，就会影响舞蹈的表现力和感染力。

我们怎样才能知道孩子是不是具有舞蹈潜力呢？可以对孩子做一个简单的测试：首先找来一支舞蹈曲子，让孩子听1～3遍，而后要求孩子随音乐任意做动作或跳动，观察她的动作是否连贯优美、是否与节奏协调，看她是否能很快进入角色。舞蹈潜力较差的表现为难以进入角色，即使能进入角色，动作也是单一而不连贯，有时表现为明显的不合拍、没有节奏性，且动作生硬，这样的孩子不适合学习舞蹈。

一个具有舞蹈潜力的孩子，什么时候开始学习舞蹈比较合适呢？目前，运动医学界没有肯定的答案。外国的运动医学专家建议：规律性的运动训练，包括芭蕾舞、体操、游泳在内，最好是从 8～10 岁开始，而某些较难的动作或使人体组织负荷较重的活动，应等到 11～13 岁再尝试较为适当。当然国内也有些舞蹈老师和专家认为，4～7 岁是孩子学舞蹈的最佳年龄，因为这个时候孩子的身体发育相对稳定且柔软，练舞蹈的时候，拉韧带、学站位这些简单的训练，不会影响到孩子的骨骼发育。

一般来说，应该以孩子的体形、心智及骨骼发育的年龄来判断，比较正确可靠。但这类专业判断并非一般人所能做到，最好请儿科或骨科的专科医师帮孩子做定期的健康检查，才是最合适的。

那么当孩子开始学习舞蹈之后，父母应该怎样帮助她，才能使她成为一名长袖善舞的女孩呢？

### 一、利用多种方法帮助女孩快乐地学习舞蹈。

可以选择孩子喜欢、熟悉的事和物，例如《我们的祖国是花园》这种孩子喜欢的歌曲，可以让她连唱带跳，感情真切饱满，孩子就会在不知不觉中快乐地学会了舞蹈；也可以让孩子欣赏现场表演或是利用小道具来激发孩子的兴趣；还可以利用故事、游戏、化装、舞台、服装等多种多样的方法，使孩子快乐地学习舞蹈。

### 二、加强趣味性，使女孩感受到新鲜感。

父母可与孩子共同做舞蹈游戏，排舞蹈小品，活跃孩子的学习气氛，丰富其想象力。在学习进程的安排上，可将民族舞蹈、芭蕾舞、体操等交叉安排，使孩子有新鲜感，有利于孩子对舞蹈艺术的融会贯通。

三、启发女孩寓情于舞。

在指导孩子训练的过程中，应该让孩子寓情于舞，因为“情”是舞蹈艺术的生命力所在，舞蹈需要通过动作来传情达意。所以，父母要启发孩子领会舞蹈艺术的真谛，用心灵表现动作，用动作释放心灵、释放思想。要鼓励孩子积极思考，体验生活，这样在练习舞蹈的时候才能够更好地把握舞蹈的情之所在。

四、避免意外伤害。

在孩子学习舞蹈的过程中，父母要考虑到孩子的承受能力，逐步推进，让孩子做她力所能及的动作，不要过早地让孩子学一些有难度的技巧性动作。如果需要让孩子学一些有难度的动作，一定要用科学的训练方法，小心谨慎。此外，要告诫孩子，在学一些比较难的动作，如翻跟斗时，千万不能自己单独练习，一定要有大人看护。只有科学严谨，才能避免孩子受到伤害。

## 绘画：提高女孩的审美能力

除了学习演奏、舞蹈之外，不少父母还希望自己的孩子能够学习绘画。绘画是一种色彩的艺术，一种审美的艺术。特别是孩子从小学习绘画，更是好处多多：

1. 增强孩子的色彩感：不管是油画棒、水粉还是水彩，色彩都非常丰富，孩子从中能学会分辨各种颜色，还能慢慢地学会色彩搭配，懂得暖色调与冷色调的处理，这些跟她以后的工作、生活都是息息相关的。

2. 提高空间想象力和创造力：画画不仅是色彩的组合，更要注重画面的整体效果，如何设置好一张画的布局，需要足够的想象力。在绘画的时候，孩子需要不断去尝试、不断去感受、不断寻求与众不同的表现方法，这也提升了她的创造性思维。

3. 提高审美能力：学画的孩子会比常人更容易发现美的所在。在学画的初期，通过写生、素描，孩子会习惯于用自己的眼睛去发现美、寻找美，并将它用笔展示出来。通过水墨，她还能懂得用最朴素的黑白去表达最富深意的美。

4. 培养细致入微的观察能力和理性思维：孩子的好奇心可以让她对世界万物充满兴趣，而且她可以把自己眼中的新鲜事物通过画笔描绘出来。一个微小的事物，孩子只有通过自己的认真观察，才能把事物最本质和最传神的美描绘出来。这种观察方法也可以大大提高孩子的理性思维和逻辑推理能力。

5. 锻炼孩子的动手能力：在绘画的过程中，孩子会用自己的双手接触到不同的笔、颜料、纸等各种各样的工具材料，并在绘画中熟练掌握这些材料各自的特点与不同的用法，这就锻炼了孩子的动手能力。

6. 培养孩子独立思考与独立工作的能力：孩子在绘画的过程中，自始至终，无论是动手还是动脑，都需要自己完完全全地独立完成。这就锻炼了孩子独立思考与独立工作的能力。

一个孩子有无绘画才能，能否沿着正确轨道发展？因素是很多的，除了遗传因素外，很重要的还是取决于后天的环境和教育因素的影响，以及个人的兴趣和主观努力。那么父母何时让孩子开始学习绘画比较合适呢？

根据统计，从2～3岁开始训练的孩子，91%有丰富的想象力和创造力；4～6岁为84%；7～9岁为40%；14岁后才开始训练的只占7.2%。因为2～3岁是孩子视觉感受能力发展的关键期，此时对孩子进行绘画教育，可以促使孩子绘画才能的发展。所以，孩子学画还是越早越好。

在孩子学绘画的初级阶段，有些父母认为孩子画的是这也不像那也不像，对孩子的画横加指责，要她服从严格的基础训练；有些父母让孩子老画一种东西，弄得孩子兴趣寥寥，不想再画下去；有些父母采取“拔苗助长”的方式，效果却适得其反；还有些父母不让孩子随便画自己想画的东西，扼杀其创造力。这些都不对。那么父母应该如何指导孩子画画，从而来提高她的审美能力呢？

### 方法一：

父母不要以成人的审美标准评价孩子的画。

有些父母喜欢用成人的审美观来要求孩子，总认为孩子的画不美观、比例失调、残缺不全、与实物常态不符等等，甚至予以“贬斥”或“嘲笑”，进而采用成人的画法教画，或者不厌其烦地要求孩子照着范画进行临摹。这些做法都是错误的。父母要站在孩子的立场来看待儿童画，要明白儿童画是孩子的一种自我表现能力的体现，它反映着孩子内在的心理、情感、认识和经验，画画是一种创造性活动。儿童画有其自身的发展规律，也存在着个体差异。

### 方法二：

父母不要一味注重绘画的结果，应该注重绘画的过程。

有些父母喜欢以“好看”和“不好看”来评价孩子的画，还有的父母喜欢给孩子的图画评分，这些都是不可取的做法。

其实这些都是单纯重视绘画结果的表现，父母应该看重孩子的劳动和努力。尽管孩子在绘画方面存在着水平上的差异，但是我们要看到孩子的绘画热情、绘画兴趣和努力程度，特别是她的创造精神。

### 方法三：

父母要尊重女孩的主见，要多和孩子交流讨论，帮助孩子丰富画面。

每个孩子都有自己的个性，也有自己喜欢的颜色，在孩子画画的时候，父母不要把自己的认识强加给孩子，这样会扼杀她的创造力。要让孩子自由发挥，让她作画的主人，体验画画的乐趣，并进一步得到提高。同时，父母要和孩子多交流，鼓励她大胆说出自己的想法。当孩子画不下去的时候，要进行一些引导，通过交谈，鼓励孩子运用已有的经验进行想象，来丰富画面。

### 方法四：

不要让孩子模仿成人范画，培养她们自主作画的能力。

许多父母受模仿画的影响，热衷于让孩子模仿范画。如果强迫她们模仿，她们就会成为范画的依附者，成为模仿的工具，自己内在的创作欲望受到压抑，自我表现的热情受到挫折，从而使孩子的绘画失去活力，变成千篇一律的呆板相似画。

## 表演：每个女孩都有一个明星梦

著名学者余秋雨说过："一个孩子如果没有机会从小学习表演，将来很难成为有魅力的社会角色。让孩子参加戏剧表演，不是要培养文艺爱好者，而是要赋予孩子们一种社会技能。"

表演能力就是表现能力。一个人即使在其他方面很有能力，如果他的表现力不足，仍然不能出类拔萃。一个人要想获得社会认可，首先就要具备较强的表现力，在工作中，要晋升让上司认可，需要表现力；在家庭里，要和谐幸福让夫（妻）认可，需要表现力；一个孩子要进步让老师认可，也需要表现力。表现力是人们必需的基本能力，每个人都应该具有表现力，所以说每个孩子都应该学习表演。

美国教育部从 1994 年开始规定：幼儿园到 12 年级的孩子每周至少有一次戏剧表演课程。中国孩子的数理化考试成绩绝对胜过美国孩子，但是与美国孩子相比，中国孩子在人际交往、演讲说话、动脑筋创意、实践行动、应急事宜等方面，存在差距，原因是缺乏表现力和想象力。缺乏表现力和想象力，归根结底是因为我们没有重视戏剧表演课程。

那么孩子学习戏剧表演有哪些好处呢？

1．通过有趣的表演训练及规定情境中的角色扮演，能提高学习者的语言表达力、肢体表现力。表演更可广阔拓展孩子的视野，使其对生活有更多的认知 ，还可以帮助孩子提高文学理解能力。

2．能培养孩子敏锐的观察力、反应力与超强的模仿能力；能激发孩子丰富的想象力与创造力；也可以培养孩子的注意力，使孩子的注意力能够集中。

3．表演可帮助孩子增强团队意识，可以使孩子逐渐懂得配合与合作的重要性。

4．表演使孩子获得精神上的满足。孩子身上具有从事艺术活动的天生倾向和能力，孩子的艺术活动直接表现了孩子的精神需求。经过表演，孩子能切身感受到故事中人物的心情，人物命运的起伏跌宕给孩子带来丰富的体验，使其获得精神上的满足。

5．促进孩子完美人格的形成。孩子在参与戏剧活动的过程中，会潜移默化地受到影响和同化，积极情绪得到发展，消极情绪得到疏导，促进孩子形成完美人格。



戏剧表演训练是集表演学、心理学、社会学等多种学科于一身的艺术科目。通过表演互动，让孩子更加热爱生活，增强社交自信，掌握表演技巧，提高自我修养。通常学习表演的人会不知不觉地让自己变得更加富有个性魅力，会比学习之前更加吸引别人。人生就是一个舞台，每个人都扮演着这个舞台上的一个角色。学习表演不仅是学习一项艺术，更是参加一堂人生的必修课。

看到这里，不少父母会问，送孩子去学习表演的最佳年龄是多大呢？其实，孩子从 3 岁到成年这一阶段，只要有表演欲望，任何时候都可以说是学戏剧的适龄期。戏剧是使用身体的所有器官、功能来表现。因此，要有广泛的训练才行，这些训练可以根据年龄及身心发展情况分别进行。

当孩子开始学习戏剧表演的时候，父母应该怎样帮助她提高自己的表演能力呢？

### 方法一：

指导孩子观察生活，积累素材。

指导孩子观察生活中形形色色的人和事，只有认真地观察了，并且积累了素材，那么当她遇到相对应的角色的时候，才能以所积累的或所猎取到的生活素材作为创作原料，在对角色认识的逻辑思维和情绪感染指引下，开展创作想象，进行角色的形象构思，从而使自己通过脑子里的表象活动“看到”未来舞台演出时自己所扮演角色的形象。

### 方法二：

培养孩子的想象力、理解力、感应力。

角色的外部造型构思，不仅要构思角色的面容、体态、穿着打扮以及特征性或习惯性的面部表情、手势、举止、声音造型、习惯语调等等属于“形”的部分，还要构思角色的气质、风度、神采或风貌等能体现角色神情状态和精神面貌的“神”的部分。一个演员只有具备很好的想象力才能想象到这些具体的细节。同时，她还要具备良好的理解能力，才能理解这个角色在所处的环境中的心理活动。另外，要想象自己就是那个人，还需要她具有很好的感应力，只有具备这三个“力”，才能形神兼备地塑造好角色。

## 兴趣是最好的老师

雪雁两三岁的时候，就喜欢拿着笔在墙上或者纸上，画各种她喜欢的东西，比如花儿、太阳、小狗、小猫等等。虽然画得不好，但是她自己倒是不亦乐乎的。为此，家里所有的墙上都留下了她的笔墨。尽管看着好好的白墙被孩子弄成这样，父母的心里有些心疼，但是他们也觉得很欣慰，毕竟孩子还小，能画出这些东西已经很不错了。通过雪雁的涂鸦，爸爸妈妈发现了她的天赋和兴趣所在，到了孩子4岁的时候，爸爸妈妈把她送进了专门的绘画培训班。在培训班经过系统和专业的训练之后，现在8岁的雪雁已经是小有名气的画家了，她的画不仅在省市获奖，还在全国的比赛上获得过大奖呢！

雨婷很小的时候，就喜欢钢琴，她常常去邻居的小姐姐家听她弹琴，一听就是半天。每次妈妈喊她回家吃饭，她总是恋恋不舍的。那时候，雨婷时常梦想自己也有一架钢琴，能够轻松自如地演奏自己喜欢的曲子。但是雨婷的梦没有做多久，在她上小学三年级的时候，父母把她送进了舞蹈班，因为妈妈一直遗憾自己年轻的时候没有学过舞蹈，所以就让雨婷来圆自己的梦想。但是雨婷对舞蹈却不感兴趣，她经常在下课的时候去钢琴培训班的窗外听他们弹琴，她真的很羡慕那些小朋友。因为自己所学的是自己不喜欢的，没有学多久，雨婷怎么也不肯去了。接下来妈妈又送她去学绘画，她还是不感兴趣，也没有去学几天，就自己放弃了。妈妈为此再也不给雨婷报任何培训班了，因为她觉得女儿总是半途而废，尽管雨婷要求过去学钢琴，但是妈妈没有答应，为此雨婷变得越来越沉默，和妈妈之间的话也越来越少。

雪雁和雨婷都有自己的兴趣，但是她们的处境却不相同，雪雁在家人的关注下，沿着自己的兴趣之路，快乐地成长；而雨婷因为自己的兴趣不被家人认可，最后甚至被扼杀了，所以她变得闷闷不乐。在现实生活中，不少父母会犯像雨婷父母那样的错误，干涉孩子的兴趣，让孩子学习她不喜欢的东西。还有些父母喜欢盲目跟风，看见别人的孩子学什么也让自己的孩子学什么。甚至有些父母在孩子兴趣、爱好的选择上有较强的功利心，对一些与孩子考试、升学有关的，或是感觉上高雅的，就盲目地积极支持、鼓励，甚至是逼迫孩子去学。而对于一些孩子真正喜欢但不符合父母标准的，就盲目制止、否定。这些做法都是对孩子有害的。

今天，从社会角度看，兴趣是爱学、会学的重要基础。不管是什么才艺，孩子一接触到自己感兴趣的学习内容或活动，态度就积极，心情就愉快，思维就活跃。苏霍姆林斯基说："他们带着一种高涨的、激动的情绪从事学习和思考，对面前展示的真理感到惊奇甚至震惊；孩子在学习中意识和感觉到自己的智慧力量，体验到创造的欢乐，为人的智慧和意志的伟大而感到骄傲。"

孩子的兴趣所在，也就是她今后发展的方向，比如一位对舞蹈很感兴趣的孩子，就愿意刻苦学舞蹈，积累各种舞蹈知识，研究各种舞蹈现象，并很有可能将自己的理想与舞蹈相结合。兴趣会促使人深入钻研、创造性地工作和学习。如果孩子对某种才艺感兴趣，就会刻苦钻研，并且充分发挥自己的想象力进行创造性的学习。

所以，父母不要强迫孩子去学习任何一种才艺，要尊重孩子的个性和兴趣。

那么父母应该怎样培养孩子的兴趣呢？

### 方法一：

平时注意观察女孩的活动，发现其兴趣和天赋，加以引导。

父母平时要注意观察孩子的活动，还要与孩子多沟通，这样才能真正了解孩子的兴趣所在，然后尽可能地为孩子的学习创造机会、创造条件，让她在自己的兴趣上尽情地发挥自己的无限潜力。要尊重孩子的兴趣，尽管有时候孩子的这种兴趣可能与父母的期望有差距，但是只要孩子的这种兴趣是正当的，父母就应该支持。当然，如果孩子因为沉浸在某个兴趣中，影响了正常的学习、生活，父母就不能听之任之，应该进行一定的干预，要引导孩子正确地处理好兴趣和学习之间的关系。只有这样，孩子的个性和兴趣才能得到较充分的发展，才能在某一领域取得突出成就。

### 方法二：

培养女孩的兴趣，切记不可盲目跟风。

每个父母都希望自己的孩子能够掌握多种技能，能够有一个美好的前途。有些父母根本不管孩子的兴趣，看见别人的孩子学什么或者现在流行学习什么，就匆匆忙忙地送自己的孩子去学习，生怕自己的孩子落后了。孩子在父母的安排下一次又一次地被动接受，因为没有兴趣，孩子就学不好，她的特长也得不到发挥，这样也就直接导致了有些孩子厌学，并把这种情绪发泄到其他学科，这对孩子的成长是非常有害的。所以说父母一定要精心呵护孩子的兴趣，不要让其因“杂草”淹没而枯萎，更不要随意破坏。

## 方法三：

父母对女孩的期望值不要太高。

很多父母都认为培养孩子兴趣的目的就是为了让她将来成名成家。他们认为孩子学钢琴就要成为钢琴家，学画画就要成为画家，学跳舞就要成为舞蹈家，学唱歌的就要成为歌唱家。这种想法是错误的。父母应该调整心态，对孩子的期望不能太高，即使孩子将来不成名成家，孩子的这些学习，还是对她的生活有帮助的，能够促进孩子的身心健康发展，这本身对孩子来说就是一件很好的事情。父母要是太过于苛求，对孩子的要求太严格了，反而会伤害她的兴趣。

# 送给女孩一生的幸福
## ——自尊、自爱、自强

### 自尊，才会赢得尊重

一个冬天的早晨，萍萍因为堵车上课迟到了。她的班主任老师看见迟到的萍萍，问都没问就让她站在讲台上，检讨自己，因为他见到过很多孩子因赖床而迟到，并且还撒谎。萍萍当时就哭了，她想不通老师怎么这样啊，太伤人自尊了。而老师呢，见萍萍站在讲台上哭泣而不检讨自己，更加生气，于是在全班同学的面前，批评萍萍是因为懒惰而迟到，让同学们不要像她一样，要早起。萍萍的委屈无法跟老师诉说，她觉得老师让自己在同学面前丢尽了脸，自此以后，萍萍变得闷闷不乐，原来很开朗的她很少和同学说话。而她见了班主任老师，心里更是有一种说不出的排斥感。



很明显，上文中老师的做法伤害了孩子的自尊。孩子的自尊很容易

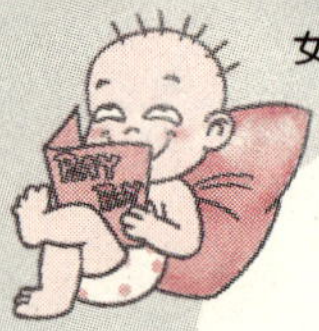




受外界环境的直接影响，父母和老师对孩子行为的不当惩罚，都会伤害到孩子的自尊，并且很容易在孩子心里留下阴影，损害孩子的身心健康。

其实，伤害孩子自尊的行为和语言远不止这些，比如有些父母一碰到熟人就当着孩子的面说孩子如何调皮、不听话，如何不懂事，把孩子数落得一无是处；有些父母喜欢当着孩子同学的面数落孩子“没有人家聪明”、“脑子笨”；有些家长生气的时候喜欢当众打骂孩子；在学校，有些老师喜欢当着全班同学甚至全校同学的面，批评和教训孩子。

有些父母和老师会认为，自己这是在严格要求孩子，让孩子吸取教训。真的是这样吗？儿童心理教育专家认为，孩子的性格是从小潜移默化培养出来的。如果孩子在成长过程中，经常听到带有惩罚性质的话语，孩子就会感到自尊心受到了伤害。可见，有些父母和老师的做法是不符合儿童心理特点和教育规律的，会在孩子幼小的心灵上留下永久的难以抹去的痕迹，成为许多心理问题的诱发因子。

个体自尊是心理成熟的标志，孩子的自尊可看做是对自己身体、能力、表现等感到满意的一种心态。只有自尊的孩子，才会赢得别人的尊重。教育家苏霍姆林斯基说：“儿童的尊严是人类心灵里最敏感的角落，保护儿童的自尊心就是保护儿童的潜在力量。”这就意味着，孩子的自尊心是孩子健康成长的重要心理因素，如果父母和老师损害、挫伤孩子的自尊心，孩子就会失去前进的动力和勇气，从而产生不良的后果。孩子正处于身心发展的关键时期，自尊心也在慢慢地建立过程中，这时候就更需要父母的关心呵护。那么具体来说父母应该怎样做呢？

### 方法一：

重视女孩的尊严，发现女孩的闪光点。

有位名人曾经说过：“人受到震动有种种不同，有的是在脊椎骨上，有的是在神经上，有的是在道德上，然而最强烈的、最持久的却是在个人的尊严上。”尊严是人类灵魂中不可践踏的圣土，是一个人的精神需求，所以说父母要重视女孩的尊严。孩子的自尊心就像娇嫩的花朵，一不留心碰到就可能让孩子受到伤害，而一个自尊心受到伤害的孩子，很难有健全的人格。这就需要父母和老师及时地发现孩子身上的闪光点，对她进行表扬和鼓励。哲人詹姆士说过：“人类素质中最殷切的要求是：渴望被肯定。”对孩子来说父母的肯定和表扬就是她继续前行的动力，而这种肯定和表扬也对孩子的心理健康发展具有重要的意义。

## 方法二：

批评女孩要讲究技巧。

有些父母脾气比较暴躁，在批评孩子的时候，根本不会顾及孩子的感受，比如当着孩子同学的面或者是众人的面批评孩子，这样孩子会感到羞愧难当，会使孩子感到很自卑。此外在批评孩子的时候也不要用一些侮辱孩子人格、伤害孩子自尊的语言，不要说“你这个笨蛋”、“滚出去”、“你简直是不可救药”这样伤害孩子人格的话语，那样会伤害孩子的自尊。在批评孩子的时候，应当向孩子传递正面的积极信息，同样一句话，从正面去说和从反面去说，效果大不相同。不要一味地斥责孩子，可以用“你这样做，我们很伤心”、“我们对你这种行为感到很失望”这样的语句来批评孩子。这样说一方面表示了对她的期望，另一方面也不容易使她产生逆反情绪。所以说批评孩子要讲究技巧和分寸，维护孩子的尊严，这样她才能接受批评。

## 方法三：

关爱孩子，耐心地倾听孩子的倾诉。

父母不管工作多么忙碌，都应该关心自己的孩子，发现她点滴的进步，不要忽略了孩子，更不要忽略孩子的倾诉。基本上每个孩子都会觉得父母是自己最信赖的人，所以她会把父母当成第一倾诉的对象。如果父母放下自己手头的事情，耐心地倾听孩子的倾诉，会让孩子觉得自己是被重视的，是被尊重的。这样也可以提升孩子的自尊心。

## 自爱，才能赢得更多爱

晶晶上小学的时候是个听话的孩子，但是自从进了初中，妈妈发现晶晶变了很多。以前，妈妈每个星期给晶晶的零花钱她都舍不得花，现在每个星期晶晶的钱都不够花；晶晶的学习成绩也由刚进校时候的班级前10名变成了中下等；再有就是以前不讲究穿戴的晶晶，现在变得爱打扮了。尽管妈妈觉得晶晶很反常，但是因为晶晶是住校生，只有周末在家，加上自己工作忙，就没有多过问。

直到有一天，班主任老师给妈妈打来电话，让妈妈去趟学校。妈妈去了才知道，最近晶晶的两个室友先后丢了钱，最后经过调查证明都是晶晶偷的。因为最近晶晶迷上了上网，并且她的钱不够花，就想到了偷同学的。老师还告诉妈妈，有两个晚上晶晶都没有上自习，而是悄悄地溜出学校，去校外的网吧玩通宵。妈妈听到晶晶的表现后，十分伤心，她不知道以前乖巧的女儿现在怎么变得这么不自爱了。最终，因为晶晶偷钱的数目不大，妈妈帮她还给了同学，而学校也从晶晶健康成长的角度考虑，并没有报警，只是希望晶晶的父母好好教育她。

其实，现在女孩不自爱的表现远不止晶晶这一种。不管是在网络上还是在报纸、电视上，我们大概都看到过这样的报道：某女孩因为一次考试没有考好，就想不开去跳河；某高中女生因为在学校受到老师的批评，一时想不开而跳楼；某大学女生，因为失恋而自杀；某女研究生因为遇到一点小挫折而自缢等等。这些行为都是女孩不自爱的表现。

那么什么是自爱呢？自爱，顾名思义就是自己爱自己。所谓对孩子的自爱教育是包罗万象的大教育，包括让孩子懂得爱自己的身体、爱自己的生命、爱自己的名誉、爱自己的个性、爱自己的理想、爱自己的爱好、爱自己的家庭、爱自己的祖国等等。

父母为什么从小就要对孩子进行自爱教育呢？因为一个懂得自爱的孩子，会爱自己，接受和宽容自己，坦诚地与自己进行沟通，真正认识自己，既不自以为是，也不会觉得自己一无是处，知道什么能使自己真正幸福和满足；一个懂得自爱的孩子，因为爱自己，也会爱他人，会给自己和他人带来幸福；一个自爱的孩子，懂得如何尊重自己，也同样懂得尊重他人；一样懂得自爱的孩子，在做事情以及待人接物时，能做到彬彬有礼，不卑不亢，充满自信，这样她就会赢得更多人的爱。

所以说，父母应该从小培养孩子的自爱能力，只有一个自爱的人，才能赢得更多的爱。而一个不懂得自爱的孩子不仅不能正确地认识和评价自己，同时也缺乏自我保护的意识，这种心理对孩子的身心健康成长以及今后的生活、学习十分有害。

那么，父母应该怎样来培养女孩的自爱能力呢？

### 方法一：

要尊重女孩，爱护她的形象。

有些父母喜欢拿自己的孩子和别人的孩子相比，比如长相、高矮、胖瘦等等，有的时候，甚至当着别人的面，说孩子的缺点，这是一种不尊重孩子的表现。父母要爱护孩子的形象，她的穿衣打扮要按照她自己喜欢的风格，父母要支持，要多听听孩子的意见。父母不能给孩子起绰号和讽刺孩子。有些父母喜欢叫自己的孩子“小麻烦”、“小胖猪”这样具有贬义色彩的称呼，会有损孩子的形象，让孩子失去自信。父母也不要因为孩子做错事或者说错话而讽刺她，这样会让她觉得很痛苦，很悲哀。

### 方法二：

让女孩学会自我保护。

首先要让孩子学会爱惜自己的身体，珍惜自己的健康。不要做一些伤害自己身体的事情，比如有些女孩喜欢打扮，在自己的耳朵上打很多的耳洞，这样会伤害自己的身体；有些女孩喜欢看一些不健康的书籍，这样会毒害孩子的心灵；还有些女孩极其不自重，在学校偷偷摸摸拿同学的钱物，这是一种自我贬低的行为，应该坚决制止。父母要教女孩学会自我保护，一个会自我保护、会爱护自己形象的女孩，必是一个自爱的女孩。

### 方法三：

教育女孩自觉遵守纪律及社会公德。

在集体活动中，要让孩子自觉地遵守纪律；在和同学一起玩的时候，要学会尊重同学，不要打骂同学；见到老师、同学、邻居要主动打招呼，一个有礼貌的孩子才会受到别人的欢迎；在公共场合，不要大声说话，不要乱扔果皮纸屑，要有公德心；在路上碰到有困难的人或者自己身边的朋友同学有困难，都要主动地伸出援助之手。这些都是孩子自爱的表现。自爱会让女孩变得更优秀，会让她赢得更多人的喜爱。

### 方法四：

丰富女孩的智慧，提高女孩的教养。

父母在孩子小的时候，就应该培养她良好的阅读习惯，这样会开阔孩子的视野，增长孩子的见识，丰富孩子的智慧。看一些有益的书籍，能够让孩子反思自己的行为，学会自我提高，加强孩子的教养。教养的本质是对人的关怀，一个有教养的孩子，必会尊重他人、有爱心、做事有分寸、善解人意、温文尔雅、注重细节、关心他人、心胸宽阔。久而久之，孩子会越来越有吸引力。

## 自强，公主不一定都娇气

单元测验结束后，英语老师批评了巧巧，因为很简单的英语题目，她都做错了，很明显上课没有认真听讲。为此，巧巧十分讨厌英语老师，她越发的不想学英语了。其实，在其他学科上，她也是这样，因为她懒得记公式，懒得背课文，懒得写作业，不愿意去努力，所以她的成绩总是不见起色。在家里，巧巧同样是表现极差，从小就没做过什么家务活，上中学住校了，每周末都会给妈妈带回一大包需要洗的衣服。

最近，巧巧又迷上了上网聊天，整天闹着让妈妈给买电脑，妈妈怕影响她的学习没有买。谁知，她在学校有两个晚上下自习之后，不回寝室休息，偷偷地溜出去，去网吧玩通宵。

爸爸妈妈对这样一个不知进取的女儿十分担心，因为下学期巧巧就要上初三了，照她现在的学习劲头，连考取普通的高中都很难，爸爸妈妈为此操碎了心，不知道批评过她多少次了，但她就是无所谓。

是的，尽管每个父母都希望自己的女儿有自强不息的精神，不希望自己的女儿像巧巧一样不求上进、不知进取，但是在现实生活中我们还是会看到这样的孩子：有些依赖性很强，什么事情都依赖自己的父母，动手能力很差；有些不求上进，没有远大的目标，得过且过；有些害怕困难和挫折，遇到困难就想倒退；有些贪玩成性，甚至厌学、逃学。

为什么孩子会不自强呢？孩子不自强，究其原因不能怪孩子，大多是父母教育不当造成的。一方面，无论是老师还是家长都不相信孩子有能力做好一些事情，总是持怀疑甚至认为孩子不行的态度；另一方面，父母对孩子的否定评价和责备太多，肯定评价太少；再一方面，父母为孩子包办、代替太多，孩子的自主性被严重束缚。正是这些原因积以时日，孩子的自信心越来越弱，没有了自信，何谈自强？

自强不息的精神是中华民族优良的传统美德。凡是有志气、有道德、有本领的人，必定是自强不息的人。我们的祖先历来告诫年轻人“少壮不努力，老大徒伤悲”，即使对老年人也倡导“老骥伏枥，志在千里”和“不须扬鞭自奋蹄”的自强精神。在生活中，只有自强的孩子，才有进取心，才会克服自己遇到的各种困难；也只有自强的孩子，才能在挫折面前表现出恒心和韧劲。自强精神是成功的基础。一个孩子，只有从小具备了自强的精神，将来长大才能在激烈的社会竞争中拥有自己的一席之地，才能在激烈的社会竞争中取得成功。

所以说，父母一定要注重培养女孩的自强精神，只有自强的女孩才不娇气，才能适应未来社会的需要，那么父母应该怎样来培养女孩自强的精神呢？

### 方法一：

帮助女孩树立奋斗目标。

一个有目标的人，才具有奋斗的精神，才会严格地要求自己，这样的人也是一个自强的人。父母应该根据孩子的实际情况，帮助她树立奋斗目标，对于问题较多的孩子，定的目标要具体一些，每一步应该达到什么样的状况都要明确，不可贪多，贪多反而做不好事情，会把事情弄得乱七八糟的。目标还要符合孩子的实际，符合孩子的能力，是她跳一跳就能达到的，而不是让孩子怎么跳也够不着的，这样会让孩子变得沮丧，丧失信心。

### 方法二：

取消包办代替，多给女孩一些自主的机会。

不管是在生活上，还是在学习上，凡是孩子力所能及的事情，父母都不要包办代替，应该坚持原则：孩子能自己做的，就不要替她做；不会做的，要教她做。在学习上，遇到问题，要自己思考，自己想办法解决。父母必须记住，必须先切断孩子生活上的依赖，她在学习上才不会依赖。只有一个在生活和学习上都独立的孩子，才会形成自强的精神。

### 方法三：

变责备为激励。

有些孩子缺乏自强的精神，凡事喜欢依赖父母，喜欢等着别人帮助自己做。父母这时候一定不要责备孩子、骂孩子，更不要打孩子，否则会让孩子越发的没有信心，或者是激起了孩子的叛逆之心，干脆放弃了。父母要转变自己的教育方式，要多看到孩子的一些优点，变否定为肯定，变责备为激励。要多鼓励孩子，要多对孩子说“这次干得真不错”、“你真能干”、“失败是成功之母”这样的话，因为父母不断地鼓励，孩子会奋发努力，不断地提高自己，自强的力量也在一点点地提升。

### 方法四：

凡事要和女孩多商量，要支持孩子的想法。

家庭的一些事情，要相信孩子，要鼓励孩子参与商量，尤其是关于孩子自己的事情，更需要听听孩子的意见。这样可以提高孩子的主动性，逐渐让孩子养成自己的事自己做的习惯。有些孩子愿意按照自己喜欢的样子去布置房间，去选择自己喜欢的衣服，去参与自己喜欢的活动，父母应该积极地支持，这样会提高孩子的积极性，让孩子感到活力无限，也有助于培养孩子的自强精神。

### 方法五：

培养女孩面对挑战、面对困难的勇气。

孩子在成长的过程中，不是一帆风顺的，会遇到很多的困难和挫折，这就需要培养孩子面对困难的勇气。在遇到挫折和困难的时候，不要认为孩子是弱小的，更不要认为孩子无法面对困难，而去帮助她；应该鼓励孩子用自己的力量去迎接挑战，不灰心，不丧气，振奋精神，继续前进。面对困难和挑战的时候，也是培养孩子自强精神的重要时机。

## 女孩应该积极地面对生活

以前岚岚不管学习多么紧张，都不会有消极的情绪，一天到晚乐呵呵的，认认真真地学习。这么懂事的孩子，让爸爸妈妈很省心。但是自从进入高中之后，她变了很多。

岚岚上的高中是省重点，也是岚岚通过自己的努力考取的，班上的同学个个都是精英。高一的第一次月考，岚岚就由初中时的班级前 3 名下滑到第 15 名，这对岚岚来说，简直是一个巨大的打击。以前学习成绩优异的岚岚是老师眼里的宝，但是现在她更多的是焦虑、烦躁、失落，脾气也变差了，动不动就发火，也不爱和家人说话了，喜欢把自己一个人关在房间里面上网、看书。

好不容易，到了期末考试，岚岚总算是挤进了班上的前 10 名，妈妈觉得这下孩子的情绪应该会好很多吧。但是寒假期间，岚岚经常呆在家里不出门，同学找她玩，她也推掉了。妈妈看着女儿整天闷在家里看书、上网、看电视，怕她闷坏了，就让岚岚陪着她一起上街去置办年货，但是岚岚说“没意思”，不肯去；新年了，妈妈要带着岚岚去走亲戚，她也说“没意思”；初中同学打电话让她去聚会，她还说“没意思”。

爸爸妈妈看着女儿这样，觉得不对劲，于是找她聊天，想知道岚岚到底是怎么了，是不是受到什么刺激了。谁知，岚岚爆出一句更让父母吃惊的话“人活着一点意思也没有”。爸爸妈妈听了都觉得不可思议，毕竟岚岚还不到17岁，怎么会有这么消极的想法呢，他们都很担心岚岚的状况，但又不知道应该怎么办，该怎样来开导岚岚。

是的，16岁原本是像花一样的年华，应该怀揣着五彩斑斓的梦想，有着阳光般灿烂的笑容。但是，我们发现身边像岚岚这样消极的女孩还不是少数。她们有些眉头紧锁，脸上的笑容越来越少；有些觉得人活着一点意思也没有，每天都是做一天和尚撞一天钟，得过且过；有些觉得读书没意思，厌学、逃课，甚至辍学。

科学研究表明，心情愉快、情绪积极乐观的孩子，不仅性格活泼，智力提高快，而且身体发育也好；而那些情绪低沉、忧郁、消极的孩子，则性情乖僻，智商不高，身心发育也不好。这就意味着，积极的情绪对孩子的身心发展能起促进作用，有助于孩子潜在能力的发挥；消极的情绪则可能使孩子的心理失去平衡，甚至影响她的人格建构。

著名成功学家拿破仑·希尔曾说过：“人与人之间只有很小的差异，但是这样小的差异却往往造成巨大的差异，很小的差异就是所具备的心态是积极的还是消极的，巨大的差异就是成功与失败。”也就是说，一个人保持积极的情绪，她就能够克服各种困难，积极地努力，从而取得成功；反之，一个人要是情绪消极，她就很难取得成功。

由于目前我国正处于社会转型时期，多种价值观并存。青少年涉世未深，缺乏明辨是非的能力，在缺乏价值一贯性甚至相互冲突的种种规则面前，她们最容易迷失自我。因为人生的目标不明确，她们不知道自己现在要做什么，将来要做什么，在人生的道路上迷失了方向，感到迷惘、困惑和不安，随之变得消极起来。

所以说，父母应该从小就培养女孩积极的心态，教她积极地面对生活。那么具体来说父母应该怎么做呢？

### 方法一：

保持家庭中和谐愉快的氛围。

孩子大多的时间都要在家里度过，良好的家庭环境能使孩子感到自己很幸福，生活很愉快，会使她的性格开朗、活泼，兴趣广泛，非常乐观。只有家中的每一位成员说话做事都有平和的态度，父母之间和睦相处，整个家庭的环境才是愉悦的。此外，父母在和孩子相处的时候，要积极乐观，不管是自己面临下岗、疾病或其他的困难，都要乐观，不要整天愁眉苦脸。这样孩子的心情也会处于舒畅的状态，能够自然地滋生积极的情绪。

### 方法二：

尊重女孩的意愿，不要强迫她。

每个孩子都有自己的想法，很多时候她的想法和父母的想法是相冲突的。这时候父母不要批评和责骂孩子，更不要以命令式的口气强行让孩子服从自己的意愿，否则孩子会比较反感。要给孩子讲道理，要留有一定的余地。比如说父母强行让孩子关掉电视去睡觉，会让她觉得很难过，会和父母大吵大闹，但是如果父母能够换一种商量的口吻和孩子说，让她再看几分钟，就上床睡觉，她一定是乐意的。还有些时候，孩子不喜欢的事情，父母不要代替她做决定，否则孩子即使满足了父母的愿望，心情也会很郁闷，态度也会很消极。不管做什么事情，只有尊重孩子的意愿，她才能积极地投入其中。

### 方法三：

培养女孩的生活情趣和多种兴趣爱好。

父母应该遵循女孩的兴趣爱好，鼓励孩子参加各种文娱体育活动。有空的时候可以打开音乐，也可以和孩子一起看看书，唱唱歌，讲讲故事。这些互动都可以陶冶孩子的情操，而且还能满足孩子的兴趣爱好，孩子因为有了自己喜欢干的事情，能够充分发挥她的潜能，而且和其他的同学朋友相比，自己也有一两项特长，也就不会自卑。这样孩子会觉得精神愉悦，对生活的态度也会变得积极起来。

### 方法四：

让女孩尝试成功的喜悦。

父母要经常引导孩子去完成力所能及的任务，使其不断体验成功的快乐。不要让孩子只停留在满足于吃、穿、用时所产生的快乐。父母还可以鼓励孩子去做些力所能及的家务活，比如帮助妈妈洗洗碗、拖拖地；鼓励孩子自己去完成学习任务，尽管有时候会碰到难题，但是要鼓励孩子战胜困难，直到最后取得成功。这些事情都可以让孩子体会到快乐，让孩子觉得生活充实，她也会随之变得乐观向上。

## 富养的女孩也要吃苦

柔柔是家里的独生女，爷爷、奶奶、爸爸、妈妈四个人宠爱着她一个，上四年级了，还要爷爷接送，帮她背书包。妈妈帮柔柔报了钢琴班，可是刚学了两周，柔柔就不肯去了，妈妈问她为什么，她说手指好疼，不想弹了。后来柔柔看好朋友丽丽的舞跳得很好，于是央求妈妈给她报个舞蹈班，说她也要学跳舞。谁知，才去了不到一个星期，柔柔又不想去了，因为她觉得每天都学压腿，不学舞蹈动作，又累又没有意思。妈妈本来还想让柔柔去学习，但是爷爷奶奶见孙女哭，都一致支持她不去了。

一到上体育课，柔柔就想请假，因为她怕累。不管是学乒乓球还是学跳绳，只要是运动，她都觉得累。有时候回家还要抱怨，说自己今天上了体育课，好累。暑假的时候，妈妈想让柔柔报名去参加夏令营，但是她说什么也不愿意，因为她早就听同学说过，夏令营的生活很苦、很累。

看到柔柔这么不能吃苦，爸爸妈妈真的很担心，现在就这样，以后长大了怎么办啊？

是的，现在的孩子越来越不能吃苦了，柔柔并不是一个特例，我们的身边确实存在着这样一大群不能吃苦的女孩。有些孩子不管上学还是放学都是父母车接车送，走一点儿路就觉得辛苦；有些孩子不喜欢参加体育运动，因为她们觉得很累；有些孩子不想学习，不想写作业，因为她们觉得很辛苦；还有些孩子在公交车上，自己心安理得地坐着，而家长却站在一边……

为什么会出现这种现象呢？一、随着社会的进步，生活条件越来越优越，人们觉得不需要再提倡吃苦精神了，所以父母也忽略了对孩子吃苦精神的培养，只关注其智力发展的好坏。二、现在的女孩多为独生女，从她们呱呱坠地开始，吃喝拉撒睡几乎全被父母、祖父母等人“承包”了，所以她们不具备生活自理能力；有些家长对孩子百依百顺，有求必应，生怕孩子受一点委屈。在父母溺爱的翅膀呵护下成长，孩子越发变得不能吃苦了。三、孩子大部分时间在学校，这些教育机构虽然对孩子进行的是系统规范的教育，但是出于安全考虑，不少可以锻炼孩子吃苦精神的活动也只能是浅尝辄止。

青少年时期是一个人的性格和心理品质形成的重要时期。在这一时期，父母对孩子进行吃苦教育，不仅有利于帮助孩子形成坚韧的优秀品格，而且有利于培养孩子自立自强、积极进取、不怕困难的心理品质。孟子早就说过："天将降大任于是人也，必先苦其心志，劳其筋骨，饿其体肤，空乏其身，行拂乱其所为，所以动心忍性，曾益其所不能。"当今激烈的社会竞争，不仅仅是知识和智能的较量，更多的是意志和毅力的较量，没有吃苦的精神和能力，不可能在激烈的竞争中获胜。只有一个能吃苦的孩子，才能在激烈的社会竞争中成为胜利者。所以，富养的女孩也要吃苦。

吃苦耐劳是我们中华民族的传统美德，这种美德不是先天形成的，而是后天培养、自我锻炼的结果。父母要从小培养女孩的吃苦耐劳精神。那么具体来说，应该怎样培养呢？

### 方法一：

及时抓住一些能够让女孩子吃苦的机会。

每个人的人生道路上总会有困难和挫折，在克服困难和挫折的过程中，可以磨炼出坚强的意志品质和顽强的奋斗精神，这种品质和精神具体表现为能吃苦耐劳。这就需要父母及时抓住一些能够让孩子吃苦耐劳的机会，当然并不是让孩子吃不饱、穿不暖，或者刻意让她承受不符合她身心发展水平的压力和负担，而是让孩子尝试克服一些经过努力便可以战胜的困难。比如说，在寒冷的冬天按时起床、体育锻炼时不半途而废等等。有条件的话让孩子参加暑期夏令营去农村体验生活。这些都可以锻炼孩子，培养她的吃苦精神。

### 方法二：

培养女孩的责任感。

只有一个有责任感的孩子，在面对各种困难和挫折的时候，才能够坚持不懈地完成任务。责任感是培养一个孩子吃苦精神的前提，没有责任感，孩子就没有要去吃苦的意识，就不知道应该怎样来提高自己，不管做什么事情都是得过且过。只有一个有责任感的孩子，才能够严格地要求自己，不管多苦多累，都能坚持住，所以父母应该从小就培养女孩的责任感。

### 方法三：

要把女孩的吃苦劲头培养成为一种稳定的道德品质。

有些父母能够坚定让孩子吃苦的决心，但是有些父母一听说要让孩子吃苦就会很心疼，即使这次狠下心来让孩子吃了一次苦，回去之后看着孩子疲惫的样子，下次怎么也不肯了。这就需要父母不能对孩子妥协，要坚定自己让孩子吃点苦的决心，要给孩子讲明吃苦精神的重要性，要通过一些小故事来告诉孩子吃苦耐劳是中华民族的传统美德。孩子对吃苦既有了认识又有了实践，加上父母不妥协的决心，这样才能把孩子吃苦的劲头培养成为一种稳定的道德品质。

# 第十章

# 为女孩的危险期护航

## ——陪女孩安全度过青春期

### 叛逆不是女儿在胡闹

自从香怡上了初中，妈妈就发现她变了。以前，妈妈说什么，香怡都会安静地听着，会很尊重妈妈的意见，但是现在她却经常和妈妈顶嘴。妈妈让她在写作业的时候不要听MP3，一心二用会出错的。但是香怡却说，自己愿意那样，就是作业出错了也和妈妈无关，那是她自己的事情。

上小学的时候，香怡很黏妈妈，每天放学一回家，就高兴地抱着妈妈有说有笑的，给妈妈讲自己班上的同学，和爸爸一起谈论自己班上的某个男生。但是现在，香怡一放学回家就关上房门，躲在房间里面干自己的事情，吃饭的时候，妈妈喊好几遍才出来。在饭桌上也是一声不吭，匆匆忙忙地吃完饭就回自己的房间。有时候，妈妈主动要求她讲讲自己学习或者生活上的事情，她却以一句“烦死了”来堵妈妈的嘴。

看见香怡的房间里面很乱，妈妈帮她收拾后，告诉她以后要自己学着收拾了，不要什么都指望父母，她就说这些话妈妈不知道说过多少遍了，听得她耳朵都起茧子了，还说妈妈很烦。

妈妈也不知道自己的女儿是怎么了，不仅叛逆，还不愿意和家人交流。她问什么女儿也不说，她生怕孩子变坏了。

其实，香怡并没有变坏，她出现的状况是孩子青春叛逆期到来的表现。进入青春叛逆期，孩子的自主意识增强，开始独立地思考，开始对社会对人生有了自己的看法，她们渴望独立，就显得不听话了；不管父母说什么，也不管是对还是错，只要父母一张口，孩子就会毫不犹豫地顶嘴或者还击。明明以前很乖很听话的女儿怎么变成这样了？不少父母都觉得无所适从，在他们还没有做好准备的时候，女儿就发生了这么大的变化，他们难以应对，不敢打骂，又不能放任，真是让人很头疼。

青春期是每个孩子成长过程中的必经阶段，如果我们从成长的角度看逆反，逆反不仅不是坏事，反而是一件好事。从科学的角度来看，逆反实际上是孩子心理成长的必要阶段。一个很乖的孩子，没有自己的主见，什么都听从父母的，这样的孩子依赖性会很强，不利于她将来在社会上生存发展。只有一个经历过叛逆的孩子，才能成为一个有独立思维能力的成年人。因为叛逆，她必然会经历很多的挫折；因为独立，她必然会学着自己独自处理问题。也正是这些可以让她更好地成长。不过还有一点需要引起父母的注意，那就是处于青春叛逆期的孩子，因为思考和判断能力还很肤浅和幼稚，同时又缺乏生活经验，难免会做错事情，难免会遇到失败，这些都需要父母及时地引导和帮助。



作为父母，应该理解自己的孩子，应该及时地把握孩子青春期的一些心理变化。只有这样，面对自己叛逆的女儿，父母才能持理解和宽容的态度，才能及时地和孩子沟通，成为她成长路上的一盏指路明灯。

那么，在女孩进入青春叛逆期之后，父母应该怎样调整自己的教育方式呢?

### 方法一：

父母应该主动和女孩沟通。

青春叛逆期，父母应该主动放低自己的姿态，站在朋友的角度去和孩子多沟通。不要只关注孩子的学习，还应该关注孩子的情感需求。在和孩子交流的时候，应该以民主的方式和她沟通，以宽容的态度对待孩子的思想误区。在孩子说的时候，自己要心平气和地去听，听完之后帮助孩子分析，这样做的话，父母也会赢得孩子的尊重和信任，孩子有什么事情也会和父母主动地沟通交流，父母也能够及时地掌握孩子的思想动态。

### 方法二：

尊重女孩的意见。

青春叛逆期的孩子特别渴望独立，她会有自己的一些独特的想法，只要不是违背原则的，父母都应该尊重，支持她的想法和行为。在和孩子沟通的过程中，要心平气和，不要觉得这是对自己家长权威的挑战，从而大发雷霆，甚至打骂孩子，那样只会让她更叛逆。父母要积极地回应孩子的想法，满足孩子合理的愿望和要求，但是不合理的要求要坚决拒绝，不妥协。这样孩子会觉得父母是尊重自己的，她会在某些观点上听取和采纳父母的建议。

### 方法三：

给女孩一个认识世界的机会。

父母因为自己具有丰富的生活经验，他们怕孩子在某些事情上吃亏，总是会喋喋不休地对孩子进行说教，而孩子呢，因为自己没有经历过，有股初生牛犊不怕虎的气魄，父母的唠叨只会让她反感。所以说，父母不妨放手，让孩子自己去经历一下，只有让孩子自己去试探一下，她才能知道“水的深浅”。这样才能深刻地影响和改变孩子。

### 方法四：

父母要学会换位思考。

有时候，父母也应该转变自己的教育方式，学会换位思考，站在孩子的角度来考虑和处理一些问题，这样才能理解孩子的心境和孩子的反应。不要以粗暴、简单的方式来处理孩子的叛逆，更不要威胁孩了使其屈服，否则会让孩子走向另一个极端，有时候甚至会做出一些像离家出走那样极端出格的事情。而一旦父母学会了换位思考，自己所说的话和所做出的决定，完全是站在孩子的角度，这样就会赢得孩子的喜爱和敬佩，也能够使孩子的身心健康发展，帮助孩子平安快乐地度过青春叛逆期。

## 早恋，不可胡乱扣帽子

最近，妈妈发现翠翠突然变得爱打扮了，总是喜欢一个人躲在洗漱间里面对着镜子臭美，以前买的衣服她都觉得不好看，让妈妈给她买新的。每次收发短信息都生怕妈妈看见，有时候一发信息就是半小时。还有好几个晚上，妈妈听见翠翠半夜的时候还在和人煲电话粥。并且翠翠经常找各种借口外出，行踪十分诡秘，每天晚上下自习后也比以前回来得要晚。

看翠翠这样，妈妈感觉女儿好像是开始谈恋爱了，但并没有太在意。直到翠翠的班主任李老师给妈妈打来电话，妈妈才知道问题的严重性。李老师说翠翠期中考试的成绩由全班前 3 名下滑到了 10 名以外，上课的时候也没有以前那么认真了，总是分神。末了，李老师还提醒妈妈，翠翠最近好像和隔壁班的一名男生走得很近，老师们经常看见他们两个下课后在走廊里聊天。李老师让妈妈有空和翠翠好好谈谈，让孩子以学习为重，这都初三了，马上要中考了，不能大意。

接到老师的电话，妈妈决定查个究竟。那天晚上，妈妈没有像以前一样在家里等翠翠回去，而是到小区的门口去接翠翠。晚上10点半的时候，妈妈果然看见翠翠挽着一个男生的手向小区走来，两人有说有笑的。直到走到小区的门口，翠翠看见妈妈，顿时花容失色，像触电一般，赶紧抽回那只与男生紧紧相握的手，而那个男生撒腿就跑。

妈妈也很头疼，因为她根本不知道该怎样处理这件事情，女儿会听自己的话和那个男生断了，再重新好好学习吗？

不少家长在发现孩子早恋或者怀疑孩子早恋的时候，都会像翠翠的妈妈一样，慌了手脚，不知道自己该怎么办？

确实，孩子早恋是很多父母不愿意看到但是又不得不面对的问题。因为早恋会影响孩子的学业，可能导致严重的后果，甚至影响到未来的生活。然而，父母又不能阻止孩子的心理发展，限制孩子的情感。

早恋就像一朵带刺的玫瑰，处于青春期的孩子常常被它的芬芳所吸引，然而，一旦情不自禁地触摸，又常常被无情地刺伤。据专家分析，早恋的高发年龄段在14~16岁，平均年龄为14.2岁。一般来说，女孩因为发育较早，更有可能较早地出现早恋现象。

不过，尽管早恋的危害很大，但是在发现孩子与异性之间的交往密切的时候，父母也不要轻易地给他们扣上“早恋”的帽子。因为，每一个步入青春期的少男少女，随着生理的逐步成熟，都会开始关注异性同学，并希望了解他们，与他们交往，这是一种正常的心理现象。加上现在不少孩子都是独生子女，本来就缺少伙伴，有异性朋友交往，甚至一对一的交往应该可以理解。父母要了解孩子此时特有的心情，对孩子与异性的交往，不能粗暴地定性为“早恋”，严厉地加以制止，或像特务一样对孩子进行跟踪、监视或者对孩子交往的对象彻底地加以否定。父母这样做的效果往往是事倍功半，有时甚至适得其反。

那么，当父母发现孩子早恋或有早恋的迹象之后，应该怎么做呢？

## 方法一：

发现女孩早恋之后，要心平气和地冷处理。

如果发现孩子早恋，父母不要觉得如临大敌，马上急急忙忙地告诉孩子的老师，让老师处理，也不要对孩子又打又骂的，弄得满城风雨。有时候，明明没有什么的事情，经过父母的宣扬，反而会激发孩子的逆反心理，事情会变得更加严重。父母发现孩子早恋之后，首先要让自己冷静下来，心平气和地想一想，到底应该怎样引导孩子走出早恋的泥沼，并且要替孩子保密。有时候，可能在父母不动声色的引导下，孩子就会渐渐地走出早恋泥沼。

## 方法二：

要鼓励女孩多参加一些对身心健康有益的活动。

父母应该鼓励孩子多去参加一些有益的集体活动，比如校内丰富多彩的集体活动，校外的旅游、公益劳动等，转移孩子的注意力，消耗青春期孩子特有的精力，同时又可锻炼身体、结交朋友。父母还可以鼓励孩子根据个人的兴趣，发展个人爱好，比如说，弹钢琴、学习画画、集邮、阅读等等，这些都可以丰富孩子的课外生活，使孩子的生活充满快乐。这样孩子早恋的感情就会减弱和转移。

### 方法三：

父母要充分尊重女孩的情感。

进入青春期的孩子难免会互相吸引，而异性间的相互吸引是自然界普遍存在的规律。父母应该理解孩子，信任孩子，充分尊重孩子的情感。不要借题发挥，讽刺孩子，甚至对孩子破口大骂，这些都不是解决问题的正确方法。父母应该和孩子多交流，多听听孩子的想法，然后有针对性地加以疏导，帮助她树立正确的人生观、价值观。

### 方法四：

满足女孩对爱的需求。

很多孩子之所以早恋，是因为她缺少爱。现代社会的生存压力很大，不少父母都忙着工作，忙着加班，每天都很晚回家或者是经常在外面出差，这样就不能够很好地关爱孩子。孩子每天放学回家，家里就是自己一个人，空荡荡的，寂寞冷清。有的父母关系不好，经常吵架，甚至大打出手，孩子会觉得家里缺乏温暖，宁愿在外面游荡也不愿意回家。这些做法，使孩子无法从父母那里享受到关爱，转而她就会在其他人身上寻找爱，这时早恋就产生了。因此，当孩子早恋的时候，父母不要一味指责孩子，而应该反思一下，是不是自己忽略了孩子，给孩子的爱太少了。如果是这样的话，父母一定要给孩子加倍的关爱。

## 性教育，恰当引导才能保证安全

12 岁的橙橙发现自己的身体开始有了明显的变化，她的胸部开始不知不觉鼓了起来。为此，她感到惶恐不安甚至害羞，但是又不好意思问妈妈。在男生面前，橙橙不敢抬头，更不敢挺胸，要是有男生跟她打招呼，她也是支支吾吾的，脸红得像番茄，好像自己做了什么亏心事一样。怕班上的男生看到自己胸部的变化，更怕他们嘲笑自己，橙橙偷偷地去内衣店买来紧身衣穿着，掩饰自己胸部的变化，她还故意剪短了自己的长发，使自己看起来不像个女生。

一个周六的下午，美美一个人在家写作业，突然间她觉得自己的小肚子一阵疼痛，下身好像有什么黏糊糊的东西流了出来。美美觉得很奇怪，于是她赶紧跑去卫生间。结果发现自己的内裤上有一团红色的血。当时，美美吓坏了，以为自己得了什么病。怀着忧郁和恐惧的心情，她用卫生纸把血迹擦干净。等到晚上妈妈回来，看见脸色苍白的女儿躺在床上，明显不对劲，弄清楚状况之后，妈妈才笑着告诉美美，那是她的月经来了，不是病。第二天，妈妈帮美美买了一本关于青春期的书给她看，美美才彻底放下心来，知道这是女孩子的一种正常的生理现象。

很多进入青春期的女孩，面对突如其来的身体变化，她们都会像橙橙和美美一样困惑或者感到害怕。

大约从11岁开始，女孩开始陆续进入青春期。这时候，随着身体和生殖器官的发育成熟，她们开始有了朦胧的性意识。这一时期，她们也对异性产生了好奇和兴趣，萌发了与性相联系的一些新的情感体验，滋生了对性的渴望，希望了解跟性有关的知识，同时又担心自己的这种想法是坏念头，会遭到他人的耻笑，所以又不能公开表达这种愿望和情绪，因此会感到一种强烈的冲击和压抑。

根据国内最大的青少年健康咨询网站的在线调查，处于青春期的孩子最渴望了解性知识，其中最让他们困惑的问题依次是：男女生殖系统构造、两性交往知识、怀孕避孕知识、青春期生理特点以及如何排除心理障碍。近55%的父母从没有给孩子教授过青春期性生理和性心理的相关知识，28%的父母会偶尔提及这个敏感话题，仅有17%的父母正式对孩子进行过性教育。调查发现，没有给孩子进行过性教育的父母，一些是因为自身知识欠缺无法教授，而有些则是觉得性问题过于敏感而难以启齿。

女孩对性知识的渴望是成长中正常的心理需要，因此，父母应该给予满足。尽管现在有很多父母已经意识到要对孩子进行性教育，但是因为他们自己从来没有接受过系统的性教育，所以也有很多的困惑，有点无从教起的感觉。其实，父母只要能掌握正确的教育方法，性教育并不是难事。

**方法一：**

不要消极等待孩子发问，对女孩的性教育可以渗透在生活中。

有些父母觉得自己的孩子总也不问问题，所以自己也就无法教育。研究认为，父母养成勤清洗身体、勤换衣服的卫生习惯本身就是一种性教育。夫妻关系就是家长传达给孩子的最有影响的关于性的信息，平时的谈话、穿衣、洗脸、洗澡、睡觉、上厕所等每一个细小的环节，都渗透了不同方面和不同程度的性教育。父母可以利用这些机会来教育孩子。除此之外，父母还可以利用身边或社会上发生的事件，或是与性教育、性犯罪相关的新闻报道及电视剧的情节等，与孩子一起进行讨论，这样比较自然。还可以告诉孩子自己青春期经历的故事，向孩子阐述自己对一些问题的看法，也倾听孩子的一些看法。

**方法二：**

大大方方地对女孩进行性教育，要教育女孩正确看待性。

对孩子的性教育方法有很多种，不管使用什么方法都要求父母大大方方地引导孩子，而不是避而不谈或是觉得难以启齿。父母不要回避孩

子提出的性问题，而是应该好好跟她谈。此外，还要教育女孩正确看待性。不要经常把艾滋病、未成年怀孕这些消极的方面告诉孩子。还要让孩子认识到，父母的相亲相爱是一件很美好的事情。当孩子面对困惑的时候，父母可以引导她将自己的注意力转移到学习或者兴趣爱好上。

### 方法三：

利用书籍或者书面交流的方式来对女孩进行性教育。

不少父母没有受过系统的性知识教育，也有些父母觉得自己不好意思对孩子开口，这时最好的办法就是给她买一些性教育方面的书籍，放在孩子的枕头旁边或者她的书桌上，让她主动阅读，这样既避免了尴尬，又收到了很好的教育效果。有时候父母也可以采用写信的方式和孩子交流，这样大家都不会感到尴尬，也能起到良好的教育效果。对女孩的性教育一般以母亲对女儿为好。

### 方法四：

父母应该尽可能多地掌握一些性科学知识。

父母可以多掌握一些性科学知识，这样可以对孩子进行全面的性教育。性科学知识包括生理病理学、医学、社会学、心理学、伦理学等方面的内容，父母可以多涉猎一些知识，也可以更好地帮助女孩解决她心中的困惑。父母掌握的东西越多，能教给孩子的就越多。另外，现在各种媒体良莠不齐，孩子难免会接触到一些不良的东西，所以父母应该引导孩子识别“真假”，让她懂得什么是真正的科学和健康。

## 网络，父母要紧跟女儿的步伐

随着科技的迅猛发展，我们进入了网络时代。人们在网上学习、聊天、购物、游戏、工作等等，网络的出现丰富了人们的生活，也给人们的生活带来了很多的便利。现在，上网已经成为人们学习、生活中一个必不可少的部分了。近年来，青少年已成为网络的主力军。他们在丰富多彩的网络世界里学习、交友、聊天、娱乐，而网络也给他们的生活带来了极大的冲击。

梦雅是一名初一的女孩，她很喜欢上网和朋友聊天，通过网络她也结识了很多天南地北的网友，当然，也学会了很多网络语言。梦雅觉得网络语言很有魅力，也很新奇，所以写作文的时候也用到作文里面。结果语文老师批改她的作文的时候，十分头疼。比如有一次，梦雅在作文里面写道："我的生活现在是个'杯具'，要是个'洗具'该多好！"还有一次，梦雅在作文中用了"打酱油"这个词，让语文老师觉得莫名其妙，不仅语句不通，而且前后根本不搭调。梦雅不得不向语文老师解释，"杯具"是"悲剧"的谐音，"洗具"就是"喜剧"的谐音，这是现在最流行的网络用语。"打酱油"就是"不关我事，不予评论"的意思。除了学会了很多的网络语言，梦雅还经常浏览网络新闻，在网上看一些自己喜欢的杂志，她还学会了使用 Word。有时和同学闹矛盾了，梦雅不好意思当面向他们道歉，就在 QQ 里道歉，或者发封邮件。

谢雨欣现在上初中二年级。六年级的暑假，家里买了台电脑，谢雨欣便每天在网上聊天。但是渐渐地她迷上了网络，本来学习成绩还可以的她，进了初中，学习成绩就不断下降。上课经常打瞌睡，因为每天晚上她都和网友聊天聊到午夜十二点，要父母起来催促很多次才肯睡觉。后来，妈妈见谢雨欣的成绩实在是下滑得太厉害了，就把家里的网络停了。这下，谢雨欣急了，她便整天去网吧，有一次还在网吧泡了一个通宵，弄得父母和亲戚到处找她。爸爸妈妈也很苦恼，他们搞不懂，网络的力量怎么那么大，简直让谢雨欣像着了魔一般。

梦雅和谢雨欣这两个女孩，同样都是网络爱好者，但是网络却给她们带来了不同的影响，让她们有不同的体会，也给我们带来了不同的启示。

的确，在网络时代，网络就像一把双刃剑，有精华也有糟粕，对青少年的影响有利有弊。一方面，网络给青少年带来“学习的革命”，提供便捷的学习和交流机会，有助于青少年开阔视野、促进学业；另一方面，网络本身存在着一定缺陷，网络环境往往较为复杂，并且缺乏有效的管理和保护。青少年的思想和心智都还不成熟，他们对网络文化、网络环境和网络交往等信息的甄别往往缺乏深刻的认识。在当前青少年学习负担很重和心理压力很大的情况下，网络极易成为他们躲避负担和压力的“防空洞”，使一些人沉迷其中不能自拔。这将会对他们的学习生活产生很大影响，严重的甚至会荒废学业。

不少父母在听说或者看到电脑给孩子带来的严重危害后，就禁止孩子接触电脑，其实这样做的结果只会适得其反：一是容易使电脑在孩子心里形成一种神秘感而孩子越发产生想动电脑的欲望。还会造成孩子的逆反心理，父母越是不让我玩，我偏要玩！家里不能玩，我就去网吧玩。二是使孩子缺乏基本的电脑使用技能，落后于同龄人。



所以说，父母应该端正认识，并且要正确引导女孩利用好网络，那么，父母应该怎么做呢？

### 方法一：

父母要紧跟女孩的步伐，与时俱进，学习和了解网络。

网络作为一门新兴的科学技术，父母要积极地去了解，去学习，去掌握这门技术。不要只顾着让孩子学习，觉得自己老了就放弃了。只有父母去积极学习电脑知识，学习上网，才能紧跟孩子的步伐，才能知道现在的孩子都在想些什么，都喜欢些什么。通过上网，父母还可以了解网络语言，理解孩子使用的一些网络语言，这样才能和孩子畅通无阻地交流。此外，还可以通过自己的认识为孩子把好关，防止网络上那些有毒的信息对孩子的侵害。

### 方法二：

鼓励女孩多去参加一些丰富多彩的集体活动，丰富她的网外生活。

现在不少家庭都是一个孩子，平时父母和孩子之间的交流并不多，而孩子在家里也没有可以交流的小伙伴，加上学习负担重，孩子找不到宣泄的渠道，于是便转向网络。因此，父母要鼓励孩子多参加一些学校和社区的社团活动，如文学、音乐、美术、摄影、书法等活动。这些活动既能够丰富孩子的业余生活，也能培养孩子的生活乐趣，陶冶她的情操。只有这样才能分散孩子的注意力，扩大她的交往面，使她积极地融入社会生活中，有利于孩子身心的健康发展。

### 方法三：

家长要多和女孩沟通交流，引导、帮助女孩利用互联网媒体。

父母可以通过沟通帮助孩子解决她在成长过程中遇到的各种烦恼和麻烦，用亲情来满足她的情感需求，使她摆脱对网络的依恋和依赖。此外，父母还要引导、帮助孩子利用互联网媒体，使它变成一个学习的工具和了解世界的窗口。这样才能对孩子起到一些有益的作用。同时还要严格控制孩子每天的上网时间，建议将时间控制在45分钟左右。

### 方法四：

父母要引导女孩认识网络的利与弊。

父母可以针对当今社会上发生的一些具体的事例，尤其是一些发生在身边的故事，来告诉孩子网络的利与弊。比如说现在一些孩子沉迷网络，荒废学业，甚至离家出走，给家庭带来了毁灭性的打击，这些能够让孩子感同身受，了解网络的一些弊端；同时，孩子可以通过网络学到很多书本上学不到的东西，这就是网络积极的一面。父母一定要帮助孩子过滤，让她远离那些危害她身心健康的不良信息。

## 陪女孩一起度过心理断乳期

14 岁的刘雨凡是一名初中二年级的学生，从小到大，雨凡一直是个乖巧的孩子，但是自从进入了初中二年级之后，妈妈发现雨凡变了很多。

最明显的变化就是，雨凡变得越来越不听话了，父母让她往东，她就偏要往西。一天，妈妈下班后，发现雨凡在看一档娱乐节目，而没有写作业。于是，妈妈就提醒她，还是先把作业写完再看电视。没有想到，雨凡说，你烦不烦啊，我不就是看一会儿电视吗，有什么大不了的。一句话堵得妈妈没有话说，而雨凡呢，眼睛依然盯着电视，根本没有要关掉的意思。周六，爸爸难得休息一天，于是就想开车带雨凡和妈妈去郊区的农家乐玩玩，没有想到雨凡说，要不你们自己去吧，我不感兴趣，不要总是拉上我。

寒假的一天，雨凡从外面回来，妈妈发现雨凡的头发有部分被染黄了，于是问她怎么染头发了，雨凡说，我喜欢，不要你管。爸爸回来看见女儿小小年纪，把头发弄成这样，很生气，于是让女儿去染回来。谁知，雨凡倔强地说，我偏不，你们都不理解，这才是美。爸爸妈妈都无言以对。过了几天，妈妈发现雨凡和同学一起去打了耳洞，一只耳朵两个孔。这次，妈妈没有说，因为她吸取以前的教训，说了，又会引发雨凡的不满，弄得自己一肚子气。

但是，爸爸妈妈还是十分担心，以前十分听话的女儿，怎么变成这样了？越说什么，她就越是不听，还和父母唱反调。

现在很多父母都发现，随着自己的女儿进入初中，她们都像刘雨凡一样出现了一些逆反的举动，不再听父母的话了，这让很多父母很失望很伤心，他们接受不了女儿的这种转变，可是又苦于不知道该怎样来引导自己的孩子。而女孩呢，也像刘雨凡一样依然我行我素的，她们还很讨厌父母的唠叨和不理解。这到底是怎么回事呢？到底是父母的问题还是孩子的问题呢？

心理专家告诉我们，这是孩子进入心理断乳期的正常反应。随着女孩进入心理断乳期，她们的生理在变，开始发育了；心理也在变，不知从什么时候起，她们变得不再听话了，不愿意遵从成人的指挥，并且出现反感的心理。

那么，何谓“心理断乳期”呢？就是孩子随着年龄的增长，渐渐地出现了强烈的独立自主的需要，成人感产生，开始希望摆脱父母的束缚，要求自己的事情由自己拿主意，不愿别人把自己当成不懂事的小孩。据了解，人的一生有两个重要时期，一个是生理断乳期，发生在1岁左右；第二个就是心理断乳期，从12岁左右开始，孩子逐渐从对父母的依赖关系中脱离开，一直到18岁左右完成。而像刘雨凡一样的初中女生，年龄都在12～15岁，正好介于从童年期过渡到青年期的心理断乳期，这个时期是她们身心发展、个性形成的关键时期。

一般来说，处于心理断乳期的女孩心理上有两个特点：一是独立意识增强；二是容易产生叛逆心理。心理断乳期是孩子一生的关键时期，是孩子从幼稚到成熟的转折期。父母应该理解孩子这一特殊时期的变化，了解心理断乳期的实质，了解孩子产生逆反心理的原因。同时还要注意的是，由于这一时期孩子的人生观、世界观还不完全成熟，孩子在面对各种复杂的现实问题的时候，还不能很好地把握自己，容易遭受挫折和失败，产生孤独、抑郁的情绪，父母一定要和女孩有效地沟通，陪伴她度过人生的这一关键时期。

**方法一：**

父母要学会倾听。

受中国传统文化的影响，不少父母喜欢在孩子面前摆出一副高高在上的样子，只有父母有“说”的权利，孩子只有当听众的资格。随着孩子心理断乳期的到来，她们最烦的、最不愿接受的就是居高临下式的教育。她会反感父母的唠叨，这样会阻塞孩子与父母交流的通道。父母要调整自己的教育方式，和孩子多交流，学会倾听，并且要做一个肯花时间、有耐性、有修养的听众，用“心”倾听孩子的心声，用“心”走进孩子的世界。这样，孩子会很乐意和父母在一起，会很乐意对父母倾诉，有利于孩子的心理健康。

**方法二：**

了解女孩的独立意识，给予赏识教育。

处于心理断乳期的孩子随着身心的成长发育，逐渐从依赖于父母的心理状态中独立出来，她渴望独立，渴望获得父母的认可。父母要相信孩子的能力，让她去做一些自己能做的事情。孩子在做事的过程中，父母要多肯定和鼓励孩子，对孩子进行赏识教育，也就是对孩子进行激励。美国心理学家威谱·詹姆斯发现，一个没有受过激励的人仅能发挥其能力的20%～30%，而当他受过激励后，其能力是激励前的3～4倍。父母要善于发现孩子的优点，发现孩子身上的才能，要不断地激励孩子，这样她才能不断地前进。

### 方法三：

允许女孩拥有更多的自由。

处于心理断乳期的孩子比较渴望自由，比较渴望脱离父母温暖的怀抱，所以父母要信任孩子，给她更多的自由，这样有利于她各种能力的锻炼和培养。过度的保护或管束只会阻碍孩子的成长和能力的养成。父母还要鼓励孩子多参加有益于身心的集体活动，丰富、充实自己的精神生活，发展“自我”意识，使孩子能够全面地认识自己，还可以培养孩子活泼开朗的性格、真诚待人的品德，以此帮助孩子顺利度过这一重要时期。

## 切莫闯进孩子的私密空间

欣然最近很烦恼，因为她发现自己自从上初中之后，随着认识的朋友和同学增多，妈妈就对她越来越不放心了。

每次欣然接完电话之后，妈妈总问是谁打来的，如果是男生的电话，妈妈还要追问半天。一天，欣然把手机放在客厅的沙发上去上卫生间了，结果等她出来，发现自己的手机屏幕竟然是亮着的，再看看坐在旁边的妈妈神态很不自然的样子，欣然什么都明白了：妈妈一定偷看自己的手机短信了。但是她并没有让妈妈难堪，装作若无其事的样子，拿起手机回房间了。但是自此以后，不管她去哪里都随身带着自己的手机。



上周四的晚上，欣然放学回家，发现自己的抽屉明显被人动过了，日记本也有被翻看的痕迹。欣然知道一定是今天调休在家的妈妈进了自己的房间，并翻看了自己的日记。她不想和妈妈吵架，所以从那以后欣然每天上学都锁着自己的房门，她还给自己的抽屉上了锁，钥匙随身带着。她不再在本子上写日记了，而是开通了QQ空间日志，为了防止妈妈猜到自己的QQ密码，她设置了一串很复杂的英文字母和数字。其实，欣然在心里还是很反感妈妈的做法的，但是，她知道自己怎么也说不过妈妈，所以采取了自己的方式来反抗。

在生活中，我们会发现很多像欣然这样无奈的孩子，随着年龄的增长，她们不再像小时候那样写了日记就高高兴兴地拿给父母看了，她们渴望有自己的小秘密，渴望有自己的独立空间，不再什么都给父母看什么都跟父母说了。然而，父母却觉得这样不对，为了了解孩子的思想动态，为了知道孩子最近在干什么，他们常常会偷看孩子的日记，偷看孩子的手机短信，偷听孩子的电话等等，在他们看来自己的出发点是为孩子好。一位妈妈就是这样说的："不听你电话怎么知道你都结交了一些什么人？我这样做，都是为了你好啊！"他们仅仅按照自己的思维来考虑问题，却不去和孩子沟通交流，不问孩子愿不愿意。

其实，做父母的都应该明白，每个人都会有自己的秘密和隐私，孩子也不例外。随着女孩年龄的增长，她的独立意识和自尊意识不断增强，成人化的倾向也明显起来，她希望别人尊重她的自主性、独立性。同时随着生活领域的扩大，接触面的广泛，她的内心也开始变得敏感，会产生很多新想法，而她又不愿意让其他人知道，于是就开始有了自己的隐私。特别是到了青春期这一阶段，她和父母之间因为想法不同，沟通也变得少了起来，很多事情她也不愿意告诉父母，于是就准备了带锁的日记本来记录自己的小秘密。

如果父母在这个时期，肆意地闯入女孩的私密空间，甚至粗暴干涉，私拆她们的信件、监听电话、偷看日记等，将会给女孩的成长带来一系列的危害：

1．伤害女孩的自尊心。

不少父母觉得偷看女孩的日记、检查信件、偷听电话、查阅短信、翻查书包等是为了保护她，防止孩子学坏和受伤害。其实，这在女孩看来就是父母对自己的不信任、不尊重，严重伤害了她的自尊心。

2．打击女孩的自信心。

对于女孩来说，随着年龄的增长，羞耻心也渐渐增强，比如希望自己偷偷地去改正和弥补错误、缺点。如果她的秘密被父母无情地揭开，自信心会受到打击。

3．削弱亲子关系。

父母侵犯了孩子的隐私，会让女孩很反感，而不少父母被孩子发现之后又不采取措施补救，这样会加深他们和女孩之间的隔阂，削弱亲子关系。

4．削弱女孩的自省力。

写日记常常是女孩的一种自省方式，她可以在日记里面思考，在日记里面鼓励自己继续努力。但是一旦这种自省方式被父母侵犯，就会让她失去自省的欲望和能力，会妨碍她的成长。

哥伦比亚大学教育心理学教授金伯利·肖内特认为："青少年时期对隐私的需要超过他一生任何其他时期，甚至成年期，如果你认为隐私对你很重要，那么它对你的孩子更重要。"明智的父母应该了解女孩的成长规律，要认识到女孩有了秘密是她长大的标志，父母应该愉快地接受有秘密的女孩，尊重女孩的隐私。那么具体来说父母应该怎么做呢？

### 方法一：

尊重女孩的独立性。

父母要把孩子看做独立的个体，她是有感情的，有她自己的行为处事方式，也有属于她自己的小秘密。父母要尊重孩子的隐私，比如，进入孩子的房间应该先敲门；移动或用孩子的东西应该先得到她的允许；不要随意翻看孩子的日记或隐私；应该尊重孩子的所有权利，把孩子当做成人一样尊重，这样孩子才会尊重父母。

### 方法二：

父母有的放矢，引导女孩健康成长。

尽管进入青春期，孩子的自主意识增强，但是她尚未形成正确的人生观，是非观念不强，缺乏自我克制的能力，所以这个时候她还需要父母的引导。父母在细心观察孩子的思想动态、掌握孩子内心隐秘的同时，要根据其性格、爱好等有针对性地采取措施，培养孩子分辨是非的能力。在父母的引导下，孩子才能在学业、情感、人际关系、生活等许多方面把握好分寸，严格规范自己的品德和人格，并不断排除和修正内心隐秘世界中非健康的因素。

### 方法三：

学会为女孩保密。

内心的秘密是每个正常人都具备的基本内容，保守秘密也是每个人的情感需求。即便父母知道了孩子的秘密，也要为她保密。有些父母在知道了孩子的秘密之后，管不住自己的嘴，不知不觉就泄露了孩子的秘密，这样就会伤害孩子，会让孩子对父母很失望，父母也会因此失去孩子应有的信任。如果需要揭秘，也应该由孩子自己来进行，父母不可代劳。因为孩子揭开自己的秘密，就证明她有面对自己的勇气和决心，父母应该给她这个机会。

**图书在版编目(CIP)数据**

女孩富养有幸福/卢晴,张小月编著. —太原:山西教育出版社,2014.7
(家教系列/麦坚主编)
ISBN 978-7-5440-4481-3

Ⅰ.①女… Ⅱ.①卢…②张… Ⅲ.①女性-家庭教育 Ⅳ.①G78

中国版本图书馆 CIP 数据核字(2010)第 123011 号

**女孩富养有幸福**
NU HAI FU YANG YOU XING FU

**责任编辑** 魏雪萍
**复　　审** 潘　峰
**终　　审** 张沛泓
**装帧设计** 薛　菲
**印装监制** 贾永胜

**出版发行** 山西出版传媒集团·山西教育出版社
(太原市水西门街馒头巷 7 号　电话:4035711　邮编:030002)
**印　　装** 太原市海泉印刷有限公司
**开　　本** 787×960　1/16
**印　　张** 14
**字　　数** 162 千字
**版　　次** 2014 年 7 月第 1 版山西第 5 次印刷
**印　　数** 28000—33000 册
**书　　号** ISBN　978-7-5440-4481-3
**定　　价** 29.80 元